MC가 처음인 당신을 위한 스피치 가이드

엠씨 플로우

김정아 지음

엠씨 플로우

초판 1쇄 발행 2025년 9월 1일

지 은 이	김정아
삽 화	김영아
발 행 인	권선복
편 집	권보송
디 자 인	서보미
마 케 팅	권보송
전 자 책	서보미
발 행 처	도서출판 행복에너지
출판등록	제315-2011-000035호
주 소	(157-010) 서울특별시 강서구 화곡로 232
전 화	0505-613-6133, 010-3267-6277
팩 스	0303-0799-1560
홈페이지	www.happybook.or.kr
이 메 일	ksbdata@daum.net

값 22,000원
ISBN 979-11-993921-0-6 (13190)

Copyright ⓒ 김정아, 2025

* 이 책은 저작권법에 따라 보호받는 저작물이므로 무단전재와 무단복제를 금지하며, 이 책의 내용을 전부 또는 일부를 이용하시려면 반드시 저작권자와 〈도서출판 행복에너지〉의 서면 동의를 받아야 합니다.

도서출판 행복에너지는 독자 여러분의 아이디어와 원고 투고를 기다립니다. 책으로 만들기를 원하는 콘텐츠가 있으신 분은 이메일이나 홈페이지를 통해 간단한 기획서와 기획의도, 연락처 등을 보내주십시오. 행복에너지의 문은 언제나 활짝 열려 있습니다.

MC가 처음인 당신을 위한 스피치 가이드 김성아 지음

MC FLOW

엠 씨
플 로 우

**26년차 베테랑 MC의
1만 회 이상 행사진행 노하우!
MC의 모든 것을 담은 스피치 바이블**

'행사 현장에서 바로 쓰는 스피치 실전 공식'
'위기상황 대처부터 성장 전략까지 완벽 정리'

일러두기

1. 책의 내용에 포함된 시나리오에서는 국어문법에 맞지 않는 높임말이 있을 수 있습니다. 하지만 행사 현장에서 관례적으로 사용하고 있는 실질적인 표현이기에 어법에 맞지 않더라도 그대로 사용하는 부분은 참고해주시기 바랍니다.

2. 책의 내용 중 언급되는 기관명과 행사명, 이름, 내용 등은 보안 및 개인정보 보호를 위해 일부 각색되었음을 밝힙니다.

프롤로그

안녕하세요, 김정아입니다.

방송사 스튜디오의 빨간 불이 켜지던 그 순간의 떨림을 아직도 기억합니다. 2000년 봄, 첫 방송을 시작했을 때 제 목소리는 떨렸고 머릿속은 하얗게 되었지요. 그 떨림은 방송을 계속 진행하면서도 이어졌습니다. TBN교통방송 부산본부에서 '아침을 달린다.', '스튜디오 949', 'TBN 교통시대' 등 다양한 장르의 프로그램을 20여 년 동안 생방송으로 진행하면서도 완전히 사라지지 않았습니다. 현장에서 무려 1만 여 회가 넘는 진행 경험 속에서도 때로는 여전히 긴장감을 느낍니다. 하지만 이제는 그 떨림을 통제하고 오히려 에너지로 전환하는 법을 알고 있습니다.

여러분 중에는 조직 내 회의에서 발표를 해야 할 때, 팀 워크숍에서 사회를 볼 때, 혹은 갑자기 중요한 행사의 진행을 맡게 되었을 때 가슴이 두근거리고 입이 마르는 경험을 해본 분들은 많을 것입니다. "나는 원래 말을 잘 못해서…….", "사람들 앞에서 말하는 건 내 스타일이 아니라서……." 라고 생각하시나요?

제가 커뮤니케이션학과 심리학, 음성공학을 융합하여 연구한 결과, 그리고 20여 년 이상의 현장 경험을 통해 확신하게 된 한 가지 사실이 있습니다. 말하기 능력은 타고나는 것이 아니라 배우고 익히는 기술이라는 것입니다. 최고의 MC들도 처음부터 탁월했던 것이 아니라 끊임없는 실패와 배움을 통해 성장했습니다.

이 책은 여러분이 삶의 어떤 무대에서든 자신감 있게 말할 수 있도록, 특히 행사의 진행자로서 청중의 마음을 사로잡을 수 있도록 실질적인 스피치 방법을 알려드립니다. 저의 경험과 연구를 바탕으로 누구나 따라 할 수 있는 단계별 접근법을 제시합니다. 이론적인 내용보다는 현장에서 바로 적용할 수 있는 실용적인 기술과 스킬에 중점을 두었습니다.

말 한마디가 인생을 바꿀 수 있습니다. 여러분의 말하기 여정에 이 책이 든든한 동반자가 되길 바랍니다.

CONTENTS

프롤로그   006

제1장
말의 변화는 곧 삶의 변화

지역 토박이의 표준어 정복기   012
표준어 연습을 위한 체계적 방법   014
말하기의 달인이 되는 훈련법   018

제2장
말하기의 마법이 시작되는 곳

목소리, 스피치의 가장 강력한 무기   024
떨림을 이기는 자, 무대를 지배한다   030
말의 힘, 메시지의 구성   037

제3장
MC, 행사의 심장이 되다

MC의 역할, 단순한 진행자 그 이상	044
행사의 성공은 철저한 준비에서 출발	048
행사의 시작과 마무리, 첫인상과 마지막 인상의 중요성	054
격식과 존중을 담는 언어, 내빈소개의 기술	059
연사와 내빈을 위한 완벽한 환영, 박수유도의 예술	075
효과적이고 부드러운 진행전환, 세련된 언어 사용과 표현력	095

제4장
행사 유형별 MC 진행 노하우

의전행사, 품격을 높이는 진행	102
협약식, 양측의 동등함을 강조하는 균형 있는 진행	108
기념식, 역사와 미래를 연결하는 진행	112
개소식, 새로운 시작을 알리는 행사	115
시상식, 수상자의 빛나는 순간을 더욱 빛나게	119
토크쇼, 효과적인 대화를 이끄는 진행의 기술	126

제5장
공식과 사례로 살펴본 장르별 진행 방법

공식 의전 행사의 품격 있는 진행	136
소통과 공감의 토크쇼와 패널 토론 진행	142
수상자의 영광을 빛내는 시상식 진행	149
문화와 언어를 초월하는 국제 행사 진행	156
감동과 참여를 이끄는 자선 및 사회공헌 행사 진행	163
기업의 가치와 메시지를 효과적으로 전달하는 기업행사 진행	170
지식과 통찰을 효과적으로 전달하는 교육 및 학술 행사 진행	178
예술적 감성과 전문성을 조화시키는 문화 및 예술 행사 진행	186

제6장
MC의 위기관리와 돌발 상황 대처법

위기를 기회로 전환하는 MC의 역량	198
행사 시, 위기 상황의 유형과 특성	200
질의 응답의 중요성과 세션 효과적으로 이끌기	204
소통의 기술, 청중을 끌어들이는 방법	209
위기 관리와 대응, 실제 돌발상황 대처 사례	215

제7장
프로 MC로 성장하기 위한 자기 계발

프로 MC로 성장하기 위한 비즈니스 전략	224
실전을 통한 성장, 경험이 최고의 스승	233
지속적인 자기계발, 끊임없이 배우는 MC	239

에필로그	246

행사장 현장 체크리스트	250
장르별 진행 체크리스트	255
출간후기	259

제1장

말의 변화는
곧 삶의 변화

지역 토박이의 표준어 정복기

저는 고향이 부산이랍니다. 당연히 경상권 지역 방언을 사용하는 부모님 밑에서 자란 그 지역의 평범한 학생이었죠. 중학교 2학년 때, 어느 날 부친이 TV를 보며 "정아는 해외 특파원이 되면 좋겠다."라고 말씀을 하셨어요. 넓은 해외에서 큰 세상을 보고, 목소리로 바른 세상을 전달하는, 영향력 있는 사람이 되길 바라셨던 거죠. 그 한마디가 제 인생을 바꾸었습니다. 저는 그 말을 계기로 방송인을 꿈꾸기 시작했지만 사투리를 고치는 과정은 결코 쉽지 않았습니다. 표준어 습득을 위한 노력은 참 힘들었습니다.

사투리, 내 삶의 첫 번째 장벽

저는 어린 시절부터 강한 지역 방언을 사용하며 성장했습니다. 기자와 아나운서를 꿈꾸던 저에게 사투리는 넘어야 할 가장 큰 산이었습니다. 경상권 특유의 억양과 어휘, 리듬감은 표준어와 상당한 차이가 있었고 이를 고치는 것은 결코 쉬운 일이 아니었습니다.

처음에는 제가 뭐가 잘못됐는지조차 알지 못했습니다. 그래서 제 입에서 나오는 말이 사투리라는 것을 인식하는 것부터 시작했습니다. 저는 저의 말이 표준어와 얼마나 다른지 깨닫는 과정이 가장 어려웠습니다.

사투리 극복을 위한 첫걸음, 인식하기

사투리를 고치기 위한 첫 번째 단계는 자신의 발음 습관을 정확히 인식하는 것이었습니다. 저는 사투리를 고치기 위해 드라마 대사를 녹음해서 따라 하며 표준어를 익혔습니다. 특히 '시트콤' 장르는 일상적인 대화가 많이 오고가기 때문에 '사투리'를 고치는 영상교재로 딱 이었습니다. 참고로 사투리 억양을 고치는 데는 시트콤을 시청하며 대화 따라 하기 실습이 효과적이고 발음을 고치는 데는 시사 뉴스 시청과 뉴스 낭독하기 실습이 제격입니다.

표준어는 단순히 단어나 어휘를 바꾸는 것이 아니라, 말의 리듬감과 억양까지 바꾸어야 했기에 참 어려웠습니다. 처음 억양을 고칠 때는 정말 '이상한 나라의 억양'을 쓰기도 했죠. 주위 친구들이 제가 말만 하면 저를 부끄러워할 정도였으니까요. 특히 동남권 사투리의 특징인 끝을 올리는 억양과 단어 앞부분을 강조하는 방식을 고치는 것이 가장 어려웠습니다.

표준어 연습을 위한 체계적 방법

목소리 녹음 후 비교하기

제가 가장 먼저 시도한 방법은 목소리를 녹음하여 객관적으로 듣는 것이었습니다. 드라마 대사와 뉴스를 녹음한 후 제 발음과 비교하며 차이점을 찾아냈습니다.

처음 제 목소리를 들었을 때는 정말 충격적이었습니다. 제가 생각하는 제 목소리와 실제 녹음된 목소리는 완전히 달랐으니까요. 특히 억양과 강세, 끝맺음이 표준어와 확연히 다르다는 것을 알았습니다. 제가 방송사 입사를 위해 아나운서 준비를 할 시기인 2000년대 초반에는 지금처럼 스마트폰이 없었기 때문에 카세트테이프에 녹음을 해서 계속해서 제 목소리를 들으며 연습을 했습니다. 나중에는 수백 회의 무한 반복녹음과 재생으로 릴 테이프가 늘어나 버리기가 부지기수였죠. 향후 이러한 모니터링 습관은 방송사에 입사하고도 계속되었습니다.

녹음은 매일 꾸준히 진행했으며 특히 뉴스 앵커의 발음을 따라하는 연습을 통해 정확한 표준어 억양을 익혔습니다.

발음 판 연습, 조음 기관 강화하기

표준어 발음을 위해서는 입술, 혀, 턱 등 조음기관의 올바른 사용이 필수적입니다. 저는 '발음 판 연습'을 통해 조음기관을 강화했습니다. 너무나 지루하고 입과 턱이 얼얼하고 아프기도 했지만 발음 연습에는 왕도가 없습니다.

웅얼거리는 발음의 90%는 조음기관을 게을리 사용하기 때문입니다. 각 조음기관들은 발음에 따라 각자의 위치가 정해져 있는데, 이를 제대로 사용하지 않으면 발음이 불분명해집니다.

발음 판 연습은 자음과 모음마다 조음기관의 위치를 정확히 파악하고, 과장된 입 모양으로 발음하는 연습입니다. 특히 'ㅏ, ㅑ, ㅓ, ㅕ, ㅗ, ㅛ, ㅜ, ㅠ, ㅡ, ㅣ' 등의 모음 발음을 정확하게 발음하기 위해 거울을 보며 입 모양을 확인하는 방법을 사용했습니다.

나무젓가락 물고 발음 연습하기

그때, 집에서 꾸준히 발음 교정을 위해 선택한 연습법은 바로 나무젓가락 물고 발음 연습을 하는 것이었죠. 웅얼거리고 힘없는 목소리는 아나운서로서의 발성과는 거리가 멀었기 때문이었죠. 물론 너무나 힘이 듭니다. 그래서 저는 가로로 나무젓가락을 물고 발음 연습을 하는 것보다 아래 그림의 오른쪽처럼 젓가락을 떼어 내어 세로로 양쪽 입에 무는 방법을 선호했습니다.

나무젓가락을 물고 발음 연습을 하면 입 근육이 강화되고, 발음이 더 명확해지는 효과가 있습니다. 특히 혀와 입술의 움직임이 제한되면서 더 의식적으로 발음에 집중하게 되고 이는 발음 개선에 큰 도움이 됩니다.

나무젓가락 물고 '발음연습' 하기

천천히 말하기 연습

사투리 교정의 또 다른 중요한 방법은 '천천히 말하기'입니다. 빠른 속도로 말할수록 사투리가 더 강하게 드러나는 경향이 있고 교정이 어렵기 때문에 저는 의식적으로 말의 속도를 늦추는 연습을 했습니다.

천천히 말하면 각 단어의 발음에 더 집중할 수 있고 자연스럽게 표준어 억양이 몸에 배게 됩니다. 특히 뉴스를 읽을 때는 정확성이 가장 중요하기 때문에 천천히, 또박또박 말하는 연습은 필수입니다.

말하기의 달인이 되는 훈련법

자기 목소리 객관화하기

　말하기 달인이 되기 위한 첫 번째 단계는 역시나 자신의 목소리를 객관화하는 것입니다. 스마트폰의 녹음 기능을 활용해 자신의 말을 꼭 녹음하고 들어보세요.

　처음에는 자신의 목소리를 듣는 것이 어색하고 불편할 수 있지만 이것이 발전의 시작입니다. 객관적인 피드백을 통해 개선점을 찾아낼 수 있습니다.

　녹음을 통해 자신의 말하기 습관, 속도, 억양, 간투사 사용 등을 파악하고 개선해 나가는 것이 중요합니다.

체계적인 발음 훈련

발음은 말하기의 기본입니다. 다음과 같은 체계적인 발음 훈련을 실천해보세요.

> - **발음 판 연습**: 모음과 자음을 정확하게 발음하기 위한 조음기관 위치 훈련
> - **젓가락 물고 발음하기**: 입 근육 강화와 발음 선명도 향상
> - **과장된 발음 연습**: 처음에는 과장되게 발음하여 정확한 입 모양 익히기
> - **아나운서 따라 하기**: 뉴스나 다큐멘터리의 아나운서 발음 따라 하기

발음 연습은 특정한 날 많은 시간을 할애하는 것보다, 매일 10~15분씩 꾸준히 하는 것이 효과적입니다. 단기간에 효과를 보기 어렵지만 꾸준한 연습이 습관으로 이어져 자연스러운 발음 개선을 이룰 수 있습니다.

말하기 리듬 잡기

말하기에서 리듬감은 매우 중요합니다. 너무 빠르게 말하면 발음이 부정확해지고, 너무 느리면 지루함을 줄 수 있습니다.

적절한 속도와 강약 조절, 그리고 적절한 휴지(쉼)를 통해 말하기의 리듬을 만들어야 합니다. 특히 강조하고 싶은 부분에서는 속도를 조금 늦추고 중요하지 않은 부분은 약간 빠르게 처리하는 기술이 필요합니다.

전문가들은 이러한 리듬감을 자연스럽게 활용하여 시청자의 관심을 끌고 메시지를 효과적으로 전달합니다.

경청과 공감 능력 기르기

말하기의 달인이 되기 위해서는 '듣기', 즉 '경청'의 달인이 되어야 합니다.

상대방의 말을 귀로만 듣지 말고 마음으로 들으세요. 대화 중에 다음에 할 말을 생각하기보다 상대방의 이야기에 집중하는 연습이 필요합니다.

경청은 단순히 상대방의 말을 기다리는 것이 아니라 적극적으로 이해하고 공감하는 과정입니다. 이를 통해 더 깊은 소통이 가능해집니다.

풍부한 어휘력과 지식 쌓기

말하기 달인이 되기 위해서는 풍부한 어휘력과 다양한 지식이 필요합니다. 독서, 뉴스 시청, 다양한 경험을 통해 자신의 지식 기반을 넓혀야 합니다.

준비된 사람만이 자연스럽게 말할 수 있습니다. 평소에 다양한 분야의 책을 읽고, 시사 이슈에 관심을 가지며, 새로운 어휘를 익히는 노력이 필요합니다. 끊임없는 자기 계발을 통해 풍부한 표현력을 갖춰야 합니다.

말하기의 변화는 삶의 변화

말하기는 분명히 개선될 수 있습니다. 저도 사투리를 극복하고 지상파 방송사 공채 시험에 합격했는걸요.

처음에는 표준어를 구사하는 것이 정말 어려웠습니다. 하지만 포기하지 않고 꾸준히 노력한 결과, 지금은 완벽한 표준어를 구사할 수 있게 되었습니다. 말하기 능력은 결코 타고나는 것이 아니라, 훈련을 통해 얻어질 수 있습니다.

발음 교정이나 스피치 교육을 받기 원하는 사람들이 저를 보면서 '나도 할 수 있다'는 자신감을 얻었으면 좋겠습니다.

말하기 능력 향상은 단기간에 이루어지지 않습니다. 꾸준한 노력과 연습이 필요합니다. 자신의 말하기를 녹음하고, 발음을 개선하며, 리듬감을 연습하고, 경청하는 습관을 기르세요. 그리고 무엇보다 포기하지 마세요. 말하기의 달인이 될 수 있습니다. 말하기는 변할 수 있고, 개선될 수 있습니다. 목소리가 변하면 삶도 변합니다.

말하기 능력의 향상은 단순히 발음이나 표현력의 개선을 넘어, 삶의 질적 변화를 가져옵니다. 저는 사투리를 극복함으로써 제가 되고 싶은 아나운서라는 꿈을 이룰 수 있었고, 말하기 전문가들은 자신만의 소통 방식으로 대중에게 사랑받는 인물이 되었습니다.

말하기 능력을 향상시키면 자신감이 커지고 대인 관계가 개선되며 새로운 기회를 얻을 수 있습니다. 오늘부터 시작하는 작은 변화가 삶을 크게 바꿀 수 있습니다. 말하기의 변화는 곧 삶의 변화입니다.

제2장

말하기의 마법이
시작되는 곳

목소리, 스피치의 가장 강력한 무기

"저는 목소리가 좋지 않아서……."라고 말하는 분들을 많이 만납니다. 그런데 목소리에 관한 놀라운 사실은 바로 훈련을 통해 변화시킬 수 있다는 것입니다.

TBN교통방송에서 '스튜디오 949'를 진행할 때였습니다. 한 청취자가 보낸 메시지가 아직도 기억납니다. "아나운서님, 목소리가 너무 좋아요. 목소리는 타고난 거죠?" 저의 대답은 "아닙니다." 사실 저는 방송을 처음 시작할 때 아기 목소리인 '아성'인, 일명 '앵앵' 거리는 목소리였답니다.

부드러운 목소리를 만들기 위해 부단하게 연습했습니다. 그 비결은 바로 '공명' 발성입니다. 지금 생각해보면 얼마나 제 목소리 녹음을 많이 하고 많이 들었던지요. 그 비결은 간단합니다. 매일 아침 복식호흡과 발성 연습을 했던 것뿐입니다.

목소리 훈련의 기본

복식호흡 '발성의 기초'

　복식호흡은 모든 좋은 발성의 기초입니다. 어깨가 아닌 배를 이용해 깊게 숨을 들이마시고 천천히 내쉬는 연습을 하세요. 하루 5분, 일주일만 해도 목소리의 안정감이 달라지는 것을 경험할 수 있습니다. 그리고 호흡의 길이가 길어져서 말을 안정적으로 할 수 있습니다.

숨을 마실 때 배가 불러지고 내쉴 때 배가 수축되는 '복식호흡법'

| 복식호흡 '3단계' 실전 연습법 |

실전 연습법 '복식호흡' 3단계
누운 자세에서 오른손을 배 위에 올려놓고 숨을 들이마실 때 배가 올라가는 것을 느낍니다.
앉은 자세에서 동일한 방법으로 연습합니다.
선 자세에서 연습하며 일상생활로 확장합니다.

발성과 공명 '소리의 울림'

 좋은 발성은 단순히 크게 말하는 것이 아닙니다. 소리가 어디서 울리는지가 중요합니다. 성대에서 만들어진 소리가 가슴, 코, 입 안의 공간에서 울릴 때 풍부하고 매력적인 목소리가 됩니다.

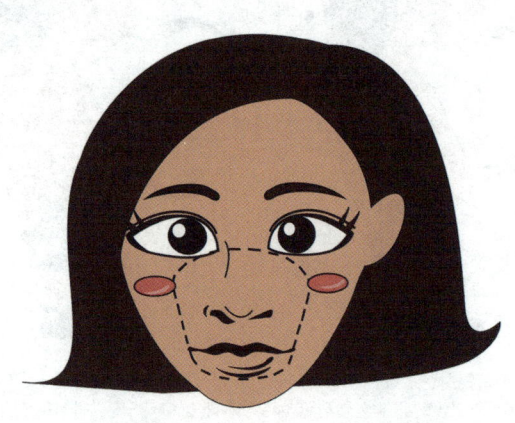

부드러운 울림의 목소리를 만드는 '공명활용법'

목소리의 화음 '소리의 톤과 속도'

그리고 제가 행사 진행을 할 때 가장 신경 쓰는 부분은 바로 목소리의 톤과 속도입니다. 중요한 내용일수록 목소리 톤을 낮추고 속도를 늦춥니다. 청중은 자연스럽게 '지금은 중요한 내용이구나' 하고 인식하게 됩니다. 반대로 분위기를 밝게 전환하고 싶을 때는 톤을 높이고 속도를 빠르게 합니다.

목소리를 살리는 실전 팁

일상적인 음성 관리 루틴

- **아침 루틴**: 따뜻한 물 한 잔으로 시작하고, 간단한 발성 연습하기
- **일과 중**: 2시간마다 물 마시기, 바른 자세 유지하기
- **저녁 루틴**: 하루를 마무리하는, 짧은 호흡 명상하기

중요 행사 전 음성 준비

- **행사 전날**: 충분한 수면, 카페인과 유제품 제한
- **행사 당일 아침**: 따뜻한 물에 꿀 한 스푼, 목 스트레칭
- **행사 직전**: 립 트릴(입술 진동) 연습, 가벼운 허밍

입술 진동 연습을 통한 '안면근육풀기' 체조

| 발성 문제별 해결 방법 |

발성 문제	해결 방법
목소리가 작고 약함	복식호흡 강화, 공명 연습, 목 근육 이완
말끝이 흐려짐	문장의 마지막 단어 강조 연습, 속도 조절
단조로운 톤	의도적 톤 변화 연습, 감정 표현 훈련
쉰 목소리	충분한 수분 섭취, 성대 휴식, 허밍 연습
떨리는 목소리	심호흡, 사전 발성 준비, 첫 문장 암기

한번은 콘퍼런스에서 갑자기 연사가 불참하게 되어 일정이 빨리 끝나는 상황이 발생했습니다. 이때 저는 의도적으로 말의 속도를 조금 늦추고, 각 세션 사이에 간략한 요약과 다음 세션에 대한 기대감을 높이는 멘트를 추가했습니다. 덕분에 관객들은 일정 변경에 크게 불편함을 느끼지 않았고 오히려 "진행이 매끄럽고 알찼다"는 평가를 받았습니다.

여러분도 목소리 훈련을 시작해보세요. 아침에 일어나서 '아. 에. 이. 오. 우.' 발성 연습을 하고, 혀를 굴려 '가나다라마바사아자차카타파하'를 반복해보세요. 그리고 중요한 것은 물을 충분히 마시는 것입니다. 수분이 부족하면 목소리가 갈라지고 안정감이 떨어집니다. 행사 진행 전에는 반드시 따뜻한 물 한 잔을 마시는 습관을 들이세요.

떨림을 이기는 자, 무대를 지배한다

"실수하면 어떡하지?", "사람들이 지루해하면 어떡하지?", "갑자기 대본을 잊어버리면 어떡하지?"

이런 두려움은 누구에게나 있습니다. 저도 20여 년이 넘는 생방송 경력에도 불구하고 중요한 행사를 앞두면 여전히 긴장합니다. 하지만 차이점은 이제 그 긴장을 두려워하지 않는다는 것입니다. 오히려 적당한 긴장감은 더 나은 퍼포먼스를 위한 에너지가 된다는 것을 알게 되었습니다.

떨림과 공포의 심리학

무대 위 긴장감이 생기는 원인을 이해하는 것부터 시작해 봅시다. 우리 뇌는 '평가받는 상황'을 위험으로 인식하고 '싸우거나 도망가라'는 신호를 보냅니다. 이것이 심장 박동 증가, 땀 분비, 입 마름 등의 신체 반응으로 나타납니다.

경상남도경찰청 주최 '미디어트레이닝' 강연

경상남도경찰청에서 '미디어트레이닝' 강연을 할 때 한 형사님이 물었습니다. "아나운서님은 말할 때 떨리지 않나요?" 제 대답은 간단했습니다. "물론 떨립니다. 하지만 저는 그 떨림을 숨기려 하지 않고, 인정하고 받아들입니다."

떨림 극복을 위한 실전 전략

미국 시카고 대학교의 심리학자 '글로리아 스피탈니'는 골프선수는 경기시간의 86%를 자신의 감정과 싸운다고 언급합니다. '내가 잘할 수 있을까?'라는 '걱정'에 소모하는 비율이 86%라는 거죠. 다시 말해 성공을 하려면 86%는 자신의 감정을 얼마나 잘 관리하느냐에 달려다는 뜻입니다. 이렇듯 '스포츠'와 '스피치'는 동일합니다.

메달리스트들의 '긍정 자기암시 주문'을 아시나요? 정말 '그렇게' 생각하면 '그렇게' 된 다는 거죠. 저의 '자기 암시문'은 **'어차피 잘 할 텐데!'** 랍니다. 중요한 발표를 앞두고 긴장되고 떨릴 때 저는 항상 이 말을 되새깁니다. 스포츠와 스피치의 원리는 비슷합니다. 여러분의 '마법의 자기 암시문'은 무엇인가요?

자신감 향상을 위한 메달리스트들의 '자기암시문' [출처: cliifhanger_korea]

마음 준비하기

- **긍정적 자기 대화:** "나는 준비되어 있다", "내가 짱이다", "나는 날마다 모든 면에서 점점 더 좋아지고 있다(에밀 쿠에)"
- **실패 재 정의하기:** 완벽함이 아닌 효과적인 소통을 목표로 삼기
- **심상화 훈련:** 성공적인 발표를 구체적으로 상상하기

신체 준비하기

- **호흡 조절:** 깊은 복식호흡으로 신체 반응 안정화
- **점진적 근육 이완:** 어깨, 턱, 손 등 주요 긴장 부위 풀기
- **파워 포즈:** 발표 전 2분간 자신감 있는 자세 취하기

다음 장의 표는 무대 공포를 느낄 때 주변 환경에 의식적으로 집중하여 현재에 정착하는 방법입니다.

| 무대 공포를 느낄 때 심상 활용법 |

5-4-3-2-1 감각 집중법
보이는 것 5가지 찾기
만질 수 있는 것 4가지 느끼기
들리는 소리 3가지 집중하기
맡을 수 있는 냄새 2가지 인식하기
느낄 수 있는 맛 1가지 의식하기

철저한 준비의 힘

긴장을 극복하는 첫 번째 단계는 그것을 인정하는 것입니다. "나는 지금 긴장하고 있다. 그리고 그것은 자연스러운 일이다."라고 자신에게 말해보세요. 두 번째 단계는 철저한 준비입니다. 저는 행사 하루 전에 반드시 행사장을 방문하거나 당일 일찍 도착하여 마이크, 조명, 무대 위치 등을 확인합니다. 대본은 최소 3번 이상 소리 내어 읽어보고, 특히 주요 인사의 이름과 직함은 오독이 없도록 10번 이상 반복해서 읽어봅니다.

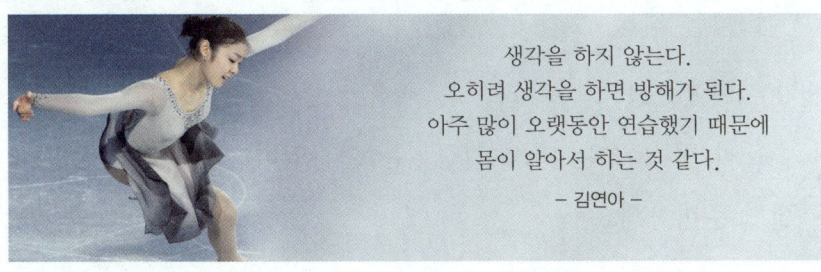

생각을 하지 않는다.
오히려 생각을 하면 방해가 된다.
아주 많이 오랫동안 연습했기 때문에
몸이 알아서 하는 것 같다.
- 김연아 -

한국해양진흥공사 주최 'KOBC Maritime Conference' 국제 세미나에서 독일 등 북유럽 VIP들의 이름을 잘못 발음할까 긴장한 적이 있습니다. 외국인 VIP의 이름을 잘못 발음하면 큰 결례이기 때문이죠. 그래서 저는 사전에 VIP들의 비서에게 직접 연락하여 VIP들의 이름을 해당 나라의 언어로 정확하게 체크하여 전달해달라고 했습니다. 그리고 정확한 발음을 녹음해 들었습니다. 행사 당일 그 VIP는 제가 자신의 이름을 정확하게 발음했다며 특별히 감사 인사를 전했습니다. 철저한 준비가 자신감으로 이어진 순간이었습니다.

한국해양진흥공사 주최 'KOBC Maritime Conference'

떨림을 에너지로 전환하는 기술

첫 30초의 중요성

발표의 첫 30초는 가장 긴장되는 순간입니다. 이 시간을 위해 특별히 준비하세요.

- 첫 문장은 완벽하게 암기하기
- 청중과의 눈 맞춤으로 시작하기
- 의도적으로 잠시 멈추고 미소 짓기

실수를 다루는 법

실수는 필연적입니다. 중요한 것은 그것을 '어떻게 다루느냐' 입니다.

- 실수를 인정하되 과도하게 사과하지 않기
- 유머로 전환하기
- 신속하게 핵심으로 돌아가기

| 떨림 증상별 대처 방법 |

떨림 증상	대처 방법
목소리 떨림	의도적으로 천천히 말하기, 첫 문장 완벽히 암기하기
손 떨림	메모를 들거나, 자연스럽게 제스처 취하기
다리 떨림	체중을 균등하게 분산, 발을 살짝 벌린 자세 유지
생각이 하얘짐	핵심 키워드 메모, 잠시 물 마시기
호흡 가빠짐	의도적인 깊은 호흡, 잠시 멈추고 미소 짓기

긴장을 이기는 또 하나의 방법은 청중과의 연결감을 만드는 것입니다. 행사 시작 전, 가능하다면 청중 몇몇과 간단한 대화를 나누어보세요. 무대 위에서도 청중의 눈을 바라보며 말하고 그들의 반응에 귀 기울이세요. 청중을 익명의 군중이 아닌, 함께 소통하는 파트너로 여길 때 긴장감은 크게 줄어듭니다.

말의 힘, 메시지의 구성

어떤 메시지든 전달력의 비밀은 구성에 있습니다. 아무리 좋은 내용도 체계 없이 전달되면 그 가치가 반감됩니다. 제가 MC로서 가장 많이 활용하는 메시지 구성법은 'PREP 기법'입니다.

PREP 기법, 강력한 메시지 구성의 비결

PREP 기법은 Point(요점), Reason(이유), Example(예시), Point(요점 재강조)의 약자로, 어떤 상황에서도 명확하고 설득력 있게 메시지를 전달할 수 있는 구조입니다.

Point (요점)

핵심 메시지를 먼저 전달합니다. "오늘 제가 말씀드리고 싶은 핵심은 _____ 입니다."

Reason (이유)

왜 이것이 중요한지 설명합니다. "이것이 중요한 이유는 _____ 때문입니다."

Example (예시)

구체적인 사례나 데이터를 제시합니다. "실제로 ＿＿＿와 같은 사례가 있습니다."

Point (요점 재강조)

다시 핵심 메시지를 강조하며 마무리합니다. "따라서 ＿＿＿가 매우 중요합니다."

부산광역시 인재개발원에서 '프레젠테이션' 강의를 할 때 이 구성법을 소개했더니, 청중 중 한 분이 "지금 교수님도 이 구성으로 말씀하고 계시네요."라고 알아차렸습니다. 맞습니다. 저는 일상생활에서 무의식적으로도 이 구성을 따르고 있는데요, 해당 스피치 공식은 그만큼 효과적이기 때문입니다.

효과적인 메시지 구성의 다양한 기법

시간 순서 구성

'과거 → 현재 → 미래' 또는 '처음 → 중간 → 끝'과 같이 시간 흐름에 따라 내용을 구성합니다. 특히 기념식이나 역사적 의미가 있는 행사에 적합합니다.

공간 순서 구성

지리적 위치나 공간적 관계에 따라 구성합니다. 시설 투어나 개소식과 같은 행사에 유용합니다.

문제-해결 구성

'문제 제시 → 원인 분석 → 해결책 제안 → 기대효과'의 순서로 구성합니다. 정책 발표나 신제품 소개 행사에 효과적입니다.

같은 내용도 청중에 따라 다른 구성이 필요합니다. 아래 표를 참조해주세요.

| 청중 맞춤형 말하기 구성법 |

청중 맞춤형 구성 '실전 활용 팁'	
전문가 대상	가장 새롭거나 논쟁적인 내용부터 시작
일반 청중 대상	친숙한 내용으로 시작해 점차 새로운 정보로 확장
의사결정자 대상	결론과 주요 이점을 먼저 제시 후 상세 내용 설명

강력한 메시지를 위한 기법

스토리텔링의 힘

사람들은 단순한 정보보다 이야기를 더 잘 기억합니다. 적절한 일화나 사례를 활용하면 메시지의 전달력이 크게 향상됩니다.

한번은 '우리아이티'라는 지역 내 굴지의 IT기업 창립 기념식에서 MC를 맡았을 때, 회사의 성장 과정을 단순히 나열하는 대신 "처음 3명으로 시작한 이 회사가 이제는 300명의 직원과 함께 연간 매출 500억을 달성하는 기업으로 성장했습니다. 이것은 하루에 평균 1,370만 원, 시간당 57만 원을 벌어들인 셈입니다."라고 표현했습니다. 참석자들의 표정이 확 달라지는 것을 볼 수 있었습니다. 구체적인 숫자가 주는 임팩트였습니다.

대조와 비교의 활용

"과거에는 ___했지만, 이제는 ___합니다."와 같은 대조나 "A가 B보다 X% 더 효과적입니다."와 같은 비교는 메시지를 더 선명하게 만듭니다.

3의 법칙

핵심 포인트를 3개로 제시하면 청중이 기억하기 쉽습니다. "오늘 말씀드릴 세 가지는 _____, _____, _____입니다."

| 행사 유형별 메시지 구성법 |

행사 유형	효과적인 메시지 구성
기념식	시간 순서 + 스토리텔링 (과거의 성취→현재의 의미→미래 비전)
신제품 발표	문제-해결 구성 (기존 문제점→신제품 소개→차별점→사용 효과)
시상식	가치 강조 구성 (상의 의미→수상자 업적→축하와 격려)
패널 토론	주제 중심 구성 (배경 설명→쟁점 제시→다양한 관점→종합)
개소식	공간 + 비전 구성 (시설 의미→주요 기능 소개→미래 비전)

행사 진행에서도 같은 원리가 적용됩니다. **행사의 시작에서 오늘 모임의 핵심 목적을 명확히 전달하고**(Point), **왜 이 행사가 중요한지 설명하며**(Reason), **참석한 주요 인사나 프로그램의 특징을 소개하고**(Example), **마지막에 다시 행사의 의미를 강조하며 시작합니다**(Point).

효과적인 메시지 전달의 또 다른 비결은 '구체적인 숫자와 이미지'를 활용하는 것입니다. "많은 사람들이 참석했습니다."보다는 "전국 17개 시도에서 500명이 넘는 전문가들이 참석했습니다."가 더 강력합니다. "우리 회사는 오랜 역사를 가지고 있습니다."보다는 "1982년 두 명의 창업자가 작은 차고에서 시작한 우리 회사는 오늘날 글로벌 시장을 선도하는 기업으로 성장했습니다."가 더 생생하게 다가옵니다.

제3장

MC,
행사의 심장이 되다

MC의 역할, 단순한 진행자 그 이상

MC는 단순히 "다음은 ㅇㅇㅇ님의 축사가 있겠습니다."라고 말하는 사람이 아닙니다. MC는 행사의 심장이자 영혼입니다. 행사의 에너지와 분위기를 만들고, 모든 요소를 유기적으로 연결하며, 예상치 못한 상황에 대처하는 중요한 역할을 담당합니다.

MC의 핵심 역할

분위기 메이커

행사의 시작부터 끝까지 적절한 에너지 레벨을 유지하고, 때로는 활기를 불어넣고, 때로는 차분함을 조성해야 합니다. 한번은 공공기관의 한 행사에서 이전 연사의 발표가 다소 무거운 주제로 끝났습니다. 이어지는 프로그램이 네트워킹 시간이었는데, 저는 의도적으

부산광역시 주최
'부산벤처창업페스티벌'

로 밝고 경쾌한 톤으로 "지금까지 진지한 주제로 많은 것을 배웠는데요, 이제는 서로의 생각을 나누며 새로운 영감을 얻는 시간을 가져보는 건 어떨까요?"라고 말하며 자연스럽게 분위기를 전환했습니다.

정보 전달자

MC는 행사의 목적, 진행 순서, 참여 방법 등을 명확하게 전달해야 합니다. 이때 중요한 것은 정보의 우선순위를 정하고, 필요한 정보를 적절한 타이밍에 제공하는 것입니다. 모든 정보를 한꺼번에 쏟아내면 청중은 혼란스러워합니다.

위기 관리자

어떤 행사든 예상치 못한 상황은 발생합니다. 연사가 지각하거나, 음향 시스템에 문제가 생기거나, 프로그램이 예상보다 일찍 끝나기도 합니다. 이럴 때 MC의 대처 능력이 빛을 발합니다. 한 콘퍼런스에서 갑작스럽게 준비한 프레젠테이션이 기술적인 문제로 재생이 되지 않은 적이 있습니다. 연사와 주최 측은 당황했지만, 저는 침착하게 "잠시 기술적인 문제가 발생했습니다. 곧 해결될 것으로 보이니 그동안 연사님은 잠시 지금까지 전달해 주신 내용을 한번 일괄 정리해 주시면 어떨까요?"라고 제안했습니다. 그리고 바로 무대 옆의 기술팀과 대안을 논의했습니다. 시스템이 복구되었을 때, 참석자들은 오히려 연사님의 강연능력에 더 감탄하게 되었고 그 이후에도 편안한 분위기 속에서 행사를 계속할 수 있었습니다.

관계 형성자

MC의 역할은 단순히 행사의 순서를 안내하는 것에 그치지 않습니다. 가장 중요한 역할 중 하나는 '관계 형성자'로서 다양한 이해관계자들 사이에 의미 있는 연결고리를 만드는 것입니다. 훌륭한 MC는 무대와 객석, 연사와 청중, 주최 측과 참석자, 심지어 참석자들 서로 간에도 보이지 않는 다리를 놓아 하나의 공동체 의식을 형성합니다. 한 가지 사례로 행사 시, '우리'라는 언어를 사용해보세요. 단순히 정보를 전달하는 것이 아니라, 모든 참석자를 포함하는 '우리'라는 언어를 사용하면 사회자와 청중이 하나 됨을 느낄 수 있습니다. "오늘 우리가 함께 살펴볼 주제는…….", "우리 모두가 알다시피…….", "우리가 이 자리에 모인 이유는……." 이런 작은 언어적 선택이 참석자들에게 소속감과 포용성을 느끼게 합니다.

흐름 관리자

MC는 행사의 모든 흐름을 책임지는 사람입니다. 따라서 행사의 목적, 참석자의 특성, 주최 측의 기대 등을 철저히 파악하고, 그에 맞는 진행 방식을 선택해야 합니다. 이것이 바로 전문 MC와 단순한 진행자의 차이입니다.

| MC의 역할과 필요한 역량 |

역할	필요한 역량	실전 팁
분위기 메이커	감정 지능 톤 및 에너지 조절 능력 상황 판단력	행사 성격에 맞는 에너지 레벨 설정 중요 순간에 적절한 강조 청중 반응에 따른 유연한 조정
정보 전달자	명확한 발음과 발성 구조화된 메시지 전달력 핵심 요약 능력	중요 정보는 반복하여 전달 시각 자료와 구두 설명 연결 복잡한 정보는 단계별 안내
위기 관리자	상황 대처 능력 순발력 침착성	돌발 상황 대비 시나리오 준비 유머로 긴장감 해소 핵심 담당자와 소통 채널 확보
관계 형성자	공감 능력 친화력 경청 기술	참석자 배경 사전 파악 다양한 관점 존중 포용적 언어 사용
흐름 관리자	시간 관리 능력 전환의 기술 종합적 사고	세션 간 자연스러운 연결 구문 활용 시간 계획 지속 모니터링 전체 맥락 유지하며 진행

행사의 성공은 철저한 준비에서 출발

'성공한 MC의 10%는 재능이고, 90%는 준비입니다.'

이것은 제가 항상 강조하는 말입니다. 아무리 경험이 많고 말을 잘하는 MC라도 준비 없이는 좋은 진행을 할 수 없습니다. 행사 진행의 핵심은 철저한 사전 준비에 있습니다.

철저한 사전 준비의 중요성

준비의 첫 단계는 '행사 분석'입니다. 다음 질문들에 답해보세요.

- 이 행사의 목적은 무엇인가?
- 주요 참석자는 누구인가?
- 주최 측이 가장 중요하게 생각하는 것은 무엇인가?
- 이전에 비슷한 행사가 있었다면, 어떤 점이 좋았고 어떤 점이 아쉬웠는가?

단디벤처포럼 주최 '창업공간100' 개소식 행사를 앞두고 유사 행사의 퍼포먼스 영상을 사전에 확인하고 분석했습니다. 그 결과 퍼포먼스 시 너무나 산만하고 내빈의 행동 등이 통일성 있게 진행되지 못했다는 점을 발견했습니다. 특히나 해당 행사에서는 내빈이 표주박을 밟아 깨트리는 퍼포먼스가 있었습니다. 현장에서 확인해 보니 이 '표주박은 과연 깨질까?' 싶을 정도로 딱딱하고 단단했습니다. 그래서 더 활발한 참여를 유도하고 원활한 행사 퍼포먼스를 위해 행사 당일, "내빈 분들은 제가 하나 둘 셋, 외칠 때 셋의 구령에 맞춰 힘차게 표주박을 밟아주시기 바랍니다!"라고 강조했습니다. 당연히 퍼포먼스는 성공적이었습니다.

단디벤처포럼 주최 '창업공간100' 개소식 및 퍼포먼스

　또 한 번은 포럼 행사를 앞두고 저는 이전 행사의 영상을 요청해 분석했습니다. 그 결과 질의응답 시간이 다소 형식적으로 진행됐다는 점을 발견했고, 이번에는 더 활발한 참여를 유도하기 위한

방법을 고민했습니다. 행사 당일, 질문자에게 작은 선물을 준비하고, "어려운 질문일수록 환영합니다."라고 강조했더니 평소보다 훨씬 활발한 소통이 이루어졌습니다.

MC의 행사 준비 단계

행사 정보 수집 단계

행사 목적, 주최 기관의 특성, 참석자 구성, 행사 장소 특성 등 기본 정보를 철저히 파악합니다. 저는 항상 주최 측에 다음과 같은 질문 리스트를 보냅니다.

행사 정보 체크리스트
☐ 행사 정식 명칭과 주제
☐ 행사 목적과 기대 효과
☐ 참석자 구성 및 규모
☐ 주요 내빈 명단과 직함
☐ 각 세션별 세부 내용과 시간
☐ 이전 유사 행사 자료
☐ 행사장 정보 및 시설 현황
☐ 기술적 준비사항(마이크, 화면, 음향 등)
☐ 비상 연락처 목록

대본 작성 및 연습 단계

주최 측으로부터 대본을 전달 받았다면 여러 번 읽어보고 어려운 발음 등을 체크하고 전체 내용을 꼭 숙지하고 가야 합니다. 내용이 숙지됐다면 저는 핵심 포인트와 전환점을 메모하고, 나머지는 현장에서 상황에 맞게 즉흥적으로 말하는 방식을 취하고 있습니다. 특히 오독을 하면 절대 안 되는 '기관명'이나 '내빈 소개'는 다시 한 번 체크하고 주요 프로그램 설명 등 정확해야 하는 부분은 반드시 메모해둡니다.

한 아나운서가 부산광역시 주최 의전 행사 중 '박형준' 시장을 '박준형' 시장이라고 발음한 사례는 유명합니다. 눈으로는 '박형준'이라고 읽었지만 입으로는 나도 모르게 '박준형'으로 발음이 나온 것이지요. 이런 실수는 정말 비일비재합니다. 그러니 평소 꾸준한 '낭독연습'을 통해 오독하지 않고 글을 읽어내는 훈련은 정말 중요하다는 것을 반증하는 사례입니다. 행사 중간 즉석으로 추가되는 내빈의 이름, 기부자의 이름 등을 행사 담당자가 실시간으로 아나운서에게 전달해주는 경우가 많습니다. 평소 낭독 연습이 되어있지 않으면 실시간으로 오독 없이 글을 읽기란 정말 어렵습니다.

대본이 준비되면 소리 내어 읽는 연습을 하세요. 이때 중요한 것은 시간 측정입니다. '이 부분은 약 3분 정도 소요될 것 같다'라고 예상하는 것과 실제로 말해보는 것은 큰 차이가 있습니다. 특히 축하 행사나 시상식처럼 정해진 시간이 중요한 행사에서는 시간 관리가 MC의 핵심 역량입니다.

현장 확인 단계

가능하다면 행사 당일 최소 1시간 30분 정도, 규모가 큰 행사라 체크할 사항이 많은 행사라면 최소 2시간 이전에는 현장을 방문하여 전체 큰 흐름과 마이크 위치, 무대 동선, 조명 상태 등을 점검합니다. 특히 마이크 테스트는 필수입니다. 같은 말이라도 마이크에 따라 들리는 톤과 볼륨이 다릅니다.

부산광역시 교육청이 주최한 '디지털교사역량강화 교육연수' 진행을 맡았을 때입니다. 저는 행사 당일 사전 리허설을 하며 무대에 올라 모든 마이크를 테스트했습니다. 왜냐하면 해당 행사는 대규모의 행사임에도 불구하고 별도의 MICE 기업 의뢰 없이 교육담당자들이 행사 준비를 모두 했기 때문입니다. 이럴 경우에는 혹여나 교육담당자가 놓칠 수 있는 부분을 아나운서인 제가 음향에서 동선까지 모든 체크를 꼼꼼하게 해야 하는 상태였습니다. 그 과정에서 특정 위치에서 마이크에 울림이 발생한다는 것을 발견했고, 호텔 기술팀과 함께 이를 조정했습니다. 만약 이 문제를 행

행사 시작 전 주최 측과 사전 확인 및 소통 현장

사 시에 발견했다면 행사 진행에 큰 차질이 생겼을 것입니다.

준비는 자신감의 원천입니다. 철저히 준비된 MC는 예상치 못한 상황에서도 당황하지 않고 유연하게 대처할 수 있습니다. 이것이 프로페셔널 MC의 비결입니다.

| MC의 행사 당일 준비 |

시점	준비 사항
행사 1~2시간 전	행사장 도착 및 최종 환경 확인 마이크, 음향, 화면 테스트 진행팀, 기술팀과 최종 소통 방식 확인 주요 내빈 도착 정보 확인
행사 30분 전	개인 컨디션 점검 (목소리, 복장 등) 대본 최종 검토 주요 내빈 소개 정보 재확인 시간 관리 도구 준비 (시계, 타이머 등)
행사 10분 전	입장 동선 최종 확인 시작 멘트 마음속으로 리허설 심호흡과 목소리 준비 운동 물 한 잔 마시기
행사 중	시간 계획 지속적 모니터링 청중 반응 관찰 내빈 및 연사 상태 확인 기술팀과 지속적 소통
행사 후	내빈 및 주요 관계자에게 감사 인사 행사 평가 및 피드백 수집 향후 개선점 메모 자기 평가 시간 갖기

행사의 시작과 마무리,
첫인상과 마지막 인상의 중요성

심리학 연구에 따르면, 사람들은 경험의 처음과 마지막을 가장 오래 기억한다고 합니다. 이것을 '초두효과(primacy effect)'와 '최신효과(recency effect)'라고 하는데, 행사 진행에도 똑같이 적용됩니다. 행사의 시작과 마무리는 참석자들의 전체 경험을 좌우하는 결정적 순간입니다.

강렬한 시작과 첫인상의 힘, 효과적인 행사 시작을 위한 전략

행사의 시작, 특히 MC의 첫 마디는 분위기를 결정짓습니다. 저는 항상 강한 에너지와 명확한 목소리로 인사를 시작합니다. "안녕하십니까!"라는 간단한 인사라도 자신감과 열정이 담겨 있어야 합니다.

강한 첫인상 만들기

- 자신감 있는 목소리와 자세로 시작하기
- 밝은 표정과 열정적인 에너지 보여주기
- 청중과의 즉각적인 교감 형성하기

행사의 의미와 가치 강조

첫인사 다음에는 반드시 행사의 의미와 가치를 강조합니다. 예를 들어, 기업의 창립 기념식이라면 "오늘은 우리 회사가 도전과 혁신의 길을 걸어온 30년을 기념하는 매우 특별한 날입니다."라고 말함으로써 참석자들에게 이 행사의 중요성을 상기시킵니다.

청중과의 공감대 형성

- 청중의 특성이나 공통점 언급하기
- 행사와 관련된 짧은 일화나 에피소드 공유하기
- 참석에 대한 진심 어린 감사 표현하기

내빈 소개, 행사의 품격을 높이는 순간

　시작 부분에서 또 하나 중요한 것은 주요 내빈 소개입니다. 내빈 소개는 단순한 형식이 아니라 존중과 감사의 표현입니다. 이름과 직함을 정확히 언급하고, 가능하다면 그분의 공로나 참석의 의미를 간략히 덧붙이는 것이 좋습니다.

부산광역시 부산경제진흥원
주최 FLY ASIA 'ESG창업기업
챌린지 리그'

"오늘 행사에 귀한 시간을 내어 참석해주신 부산경제진흥원 진양현 원장님께 진심으로 감사드립니다. 진양현 원장님은 우리 지역의 경제 발전을 위해 끊임없이 노력해오셨습니다."

　내빈 소개 시 주의할 점은 서열과 위계를 고려하는 것입니다. 일반적으로 공식 행사에서는 최고 서열자를 마지막에 소개합니다. 그러나 반드시 행사 주최 측과 사전에 소개 순서를 확인하세요. 지역이나 기관마다 관례가 다를 수 있습니다. 해당 부분은 다음 파트에서 언급 할 내빈 소개의 기술에서 좀 더 상세히 알아보도록 하겠습니다.

인상적인 마무리와 지속되는 여운, 효과적인 행사 마무리를 위한 전략

행사의 마무리는 모든 내용을 응축하는 중요한 시간입니다. 좋은 마무리는 세 가지 요소를 포함합니다.

핵심 내용 요약

> 행사의 핵심 내용을 간략히 요약합니다. "오늘 우리는 디지털 혁신의 중요성과 그 실천 방안에 대해 함께 고민하는 시간을 가졌습니다."

감사의 마음 표현

> 모든 관계자에게 감사의 마음을 표현합니다. 연사, 참석자, 스태프 등 행사에 기여한 모든 이들에게 감사 인사를 전합니다.

미래 지향적 메시지

> 앞으로의 기대나 다음 단계를 제시합니다. "오늘의 논의가 내일의 행동으로 이어지길 바랍니다." 또는 "다음 달에 있을 후속 워크숍에서 더 깊이 있는 대화를 나누길 기대합니다."와 같은 메시지로 마무리합니다.

| 행사의 효과적인 시작과 마무리 방법 |

행사 유형	효과적인 시작 방법	효과적인 마무리 방법
기업 행사	기업의 성과와 비전 강조, 참석자의 기여 인정	미래 계획과 기대성과 언급, 공동체 의식 강화
학술 콘퍼런스	주제의 중요성과 시의성 강조, 함께 배울 기회 언급	주요 통찰 요약, 향후 연구 방향 제시
시상식	수상의 의미와 가치 강조, 축하 분위기 조성	수상자들의 성취 종합 치하, 영감과 동기부여 메시지
네트워킹 이벤트	참석자 구성 소개, 상호 교류 독려	형성된 관계 유지 방법 제안, 후속 만남 정보
신제품 발표회	호기심과 기대감 조성, 혁신의 가치 강조	제품의 미래 영향력 강조, 구체적 출시 정보 제공

마지막 인사는 간결하면서도 강한 인상을 남길 수 있어야 합니다. "여러분의 열정과 참여로 빛난 오늘의 행사, 진심으로 감사드립니다. 다음에 더 좋은 모습으로 다시 뵙겠습니다. 지금까지 아나운서 김정아였습니다."라는 말로 마무리하는 방법도 있습니다.

시작과 마무리는 MC의 역량이 가장 잘 드러나는 순간입니다. 철저히 준비하고, 진정성을 담아 전달할 때, 행사 전체의 품격이 높아집니다.

격식과 존중을 담는 언어,
내빈 소개의 기술

행사에서 내빈 소개는 MC의 중요한 임무 중 하나입니다. 단순한 형식적 절차가 아닌, 행사의 품격을 결정짓는 중요한 순간입니다. 단순히 이름과 직함을 나열하는 것이 아니라, 적절한 내빈 소개는 참석한 귀빈들에게 존경을 표하고, 그들의 참석 가치를 인정하며, 행사의 공식성과 중요성을 강조합니다.

MC는 이 중요한 순간을 통해 행사의 첫인상을 결정하는 막중한 책임을 지니고 있습니다. 적절한 표현을 통해 내빈에 대한 존중과 행사의 격을 높일 수 있습니다. 다양한 내빈 소개 표현과 상황별 활용법을 알아봅니다.

중소벤처기업부 주최 '신산업스타트업'

내빈 소개의 기본 원칙

내빈 소개에는 몇 가지 기본 원칙이 있습니다. 첫째, 정확한 직함과 성명을 사용해야 하고 둘째, 존경과 예우를 담은 표현을 선택해야 하며 셋째, 행사의 성격과 분위기에 맞는 어투를 사용해야 합니다. 모든 행사에는 다양한 관계자가 내빈으로 참석합니다. 행사 전 시나리오에 기입된 정확한 직함과 이름을 여러 번 확인하고 미리 체크해 두어야합니다. 이런 준비는 내빈에 대한 존중을 보여주고, 행사의 신뢰도를 높이는 데 큰 도움이 됩니다.

TBN교통방송에서 '스튜디오 949'를 진행할 때 정부 관계자가 출연했던 경험이 있습니다. 방송 전 저는 그분의 정확한 직함을 여러 번 확인했고, 존칭을 어떻게 사용할지 미리 생각해두었습니다. 이런 준비는 게스트에 대한 존중을 보여주고, 방송의 신뢰도를 높이는 데 큰 도움이 되었습니다.

| 다양한 내빈 소개 공식 |

	다양한 내빈소개멘트 가능	
먼저		입니다.
계속해서		자리했습니다.
다음은		어서 오십시오.
이어서		참석하셨습니다.
– (아무 말 없이)		함께하셨습니다.
		발걸음 했습니다.
마지막으로		소개합니다.

다양한 내빈 소개 표현

내빈을 소개하는 방식은 매우 다양합니다. 모든 행사에 "○○○님 참석하셨습니다."라고 하면 너무나 지루한 내빈소개가 되겠지요. 행사의 성격과 격식에 따라 적절한 표현을 다양하게 선택하는 것이 중요합니다. '참석했다', '자리했다', '함께했다', '발걸음 했다', '○○○님 입니다', '○○○님 어서 오십시오', '○○○님을 소개합니다' 등 다양하게 사용한다면 아나운서의 유연함이 돋보이겠죠. 그 외 아래의 표현 등을 상황에 맞게 활용할 수 있을 것입니다.

출석·참석을 강조하는 표현

- "오늘 행사에 [이름][직함]님께서 참석하셨습니다."
- "이 뜻깊은 자리에 [이름][직함]님께서 함께하셨습니다."
- "바쁘신 일정에도 불구하고 [이름][직함]님께서 시간을 내어 자리하셨습니다."
- "특별히 오늘 행사를 빛내주시기 위해 [이름][직함]님께서 발걸음 하셨습니다."
- "멀리서부터 귀한 걸음을 해주신 [이름][직함]님께서 자리를 함께하고 있습니다."

한번은 국제 콘퍼런스에서 MC를 맡았을 때, 외국인 VIP를 소개할 기회가 있었습니다. "Today, we are honored to have

Minister [Name] from [Country], who has traveled all the way to join us."라고 소개했더니, 그분이 나중에 "여행의 수고로움을 인정해주어 감사하다."고 말씀하셨습니다. 작은 배려가 담긴 표현이 좋은 인상을 남긴 사례가 되겠죠.

자리 위치를 언급하는 표현

- "본 행사의 내빈석에 [이름][직함]님께서 자리하셨습니다."
- "첫 번째 테이블에 [이름][직함]님께서 앉아계십니다."
- "무대 오른편에 [이름][직함]님께서 위치해 계십니다."
- "오늘 내빈석을 빛내주고 계신 [이름][직함]님을 소개합니다."
- "행사의 가장 중요한 자리를 지켜주고 계신 [이름][직함]님께 큰 박수 부탁드립니다."

위치를 언급할 때는 실제 내빈의 위치를 정확히 파악해야 합니다. 만약 "무대 왼편에 계신……."이라고 소개했는데 실제로는 오른편에 있었다면 어땠을까요? 아나운서는 해당 멘트를 하고 이내 수습을 했을 것입니다. 본인에게는 아찔한 기억으로 남겠죠? 이렇듯 항상 행사 전 좌석 배치도를 확인하고, 실제 내빈이 착석한 후 한 번 더 확인하는 습관을 들이는 게 중요합니다.

내빈소개는 참 어려운 일이죠. 한 가지 요령을 알려 드리면 "O

○○님 자리하셨습니다."라고 소개한 뒤 그 분이 일어나서 인사를 할 때, "마지막 줄에 앉아계시네요, 뒤편을 바라봐주십시오." 등으로 시선을 모으는 방법을 활용해보세요. 이렇게 표현했을 시 사회자의 유연함이 빛나기에 더욱더 능력 받는 아나운서로 기억 될 수 있을 것입니다.

환영과 감사를 표현하는 방식

- "오늘 귀한 시간을 내어 참석해주신 [이름][직함]님께 진심으로 감사드립니다."
- "멀리서 행사를 위해 와주신 [이름][직함]님을 진심으로 환영합니다."
- "항상 저희 행사를 지지해주시는 [이름][직함]님의 참석에 깊은 감사를 표합니다."
- "오늘 행사의 의미를 더해주신 [이름][직함]님께 감사의 마음을 전합니다."
- "바쁘신 일정에도 불구하고 자리를 빛내주신 [이름][직함]님께 큰 박수로 환영의 뜻을 전해주세요."

환영과 감사의 표현은 진정성이 느껴지도록 해야 합니다. 중소벤처기업부 주최 '이영 장관과 함께하는 장.쫌.만. 토크쇼'를 진행할 때였습니다. 이영 장관을 소개할 때 국무회의를 마무리하고 부랴부랴 뛰어온 것을 알게 되었습니다. 그래서 "오늘 창업가의 이야기를 현장에서 듣기 위해 국무회의를 마치자마자 바쁘게 와주신 중소벤처기업부 이영 장관님의 열정에 감사를 드립니다." 라고 즉석에서 멘트를 수정했고, 이에 내빈뿐만 아니라 참석자들도 공감의 박수를 보냈습니다.

중소벤처기업주 주최 '이영 장관과 함께하는 창업가 토크콘서트'

산업통상자원부 주최 '국제기술확보주간' 콘퍼런스에서에서 한 내빈을 소개할 때, 그분이 폭우 속에서 오셨다는 것을 알게 되었습니다. "오늘 폭우를 뚫고 와주신 [이름][직함]님의 열정에 깊은 감사를 드립니다."라고 역시 즉석에서 멘트를 수정했습니다.

산업통상자원부 주최 '국제기술확보주간'

업적이나 공로를 언급하는 표현

- "[분야]에서 탁월한 리더십을 보여주고 있는 [이름][직함]님께서 참석하셨습니다."
- "오늘의 행사가 가능하도록 아낌없는 지원을 해주신 [이름][직함]님을 소개합니다."
- "[주요업적]으로 [분야]에 큰 기여를 하신 [이름][직함]님께서 자리해 주셨습니다."
- "우리 [조직·지역]의 발전을 위해 헌신해 오신 [이름][직함]님께서 함께하고 계십니다."
- "[최근 성과나 수상]의 주인공이신 [이름][직함]님을 모시게 되어 영광입니다."

내빈의 업적을 언급할 때는 정확한 정보를 바탕으로 해야 합니다. 특히 개인의 업적을 소개하면서 잘못된 정보를 언급하게 되면 안 하니만 못하게 되는 사태가 벌어질 수 있습니다. 내빈을 소개할 때는 내빈 소개 자료를 미리 받아 꼼꼼히 검토하고 가능하다면 본인이나 비서에게 확인하는 과정을 거칩니다.

내빈 소개 시간을 단축시키고 깔끔하게 진행하기 위해 요즘은 "[기관명][이름][직함] 참석했습니다." 등으로 간략히 진행하는 추세이기 때문에 위의 분류 등은 참고하기만 하여도 좋습니다. "참석했습니다."라는 표현을 다양한 어휘로 바꾸어 표현하는 것만으로도 명MC로 충분합니다.

| 내빈 유형별 소개 시 주의 사항 |

내빈 유형	소개 시 주의사항	추천 표현
정부 고위 인사	정확한 직함 확인 서열에 맞는 소개 순서 격식 있는 표현 사용	"오늘 행사를 빛내주시기 위해 [이름][정부직함]님께서 참석해 주셨습니다. [직함]님은 [주요업적·공로] 분야에서 큰 역할을 해오고 계십니다."
기업CEO ·임원	회사명과 직위 정확히 언급 회사 업적이나 성과 언급 사내 직함 체계 확인	"[회사명]의 혁신적 성장을 이끌고 계신 [이름][직함]님께서 함께하고 계십니다. [회사명]은 최근 [주요성과]를 이루어내며 업계를 선도하고 있습니다."
학계 인사	학위와 전문 분야 언급 주요 연구 성과 간략히 소개 존칭 사용 (교수님, 박사님)	"[분야]에서 탁월한 연구 성과를 이루고 계신 [대학][이름][직함]님을 소개합니다. [직함]님은 [주요연구·저서]로 널리 알려져 있습니다."
해외 인사	이름 발음 사전 확인 문화적 예의 고려 필요시 통역 준비	"오늘 특별히 [국가]에서 오신 [이름][직함]님을 환영합니다. (영어로) We are honored to have [Name], [Title] from [Country] with us today."
·원로 ·명예인사	과거 업적과 공로 강조 경의를 표하는 표현 사용 나이 직접 언급 자제	"[분야]에 평생을 헌신해 오신 [이름][직함]님께서 오늘 자리를 빛내주고 계십니다. [직함]님의 [주요업적·공로]는 우리 모두에게 큰 영감이 되고 있습니다."

상황별 내빈 소개 요령

공식 행사에서의 내빈 소개

공식 행사에서는 보다 격식 있는 표현을 사용하는 것이 좋습니다. 직함을 정확히 언급하고, 존칭을 적절히 사용해야 합니다.

> "오늘 이 자리에 [이름][직함]님께서 참석해 주셨습니다. [직함]님 께서는 [간략한 업적이나 이력]으로 [분야]의 발전에 큰 기여를 해 오셨습니다. 귀한 시간을 내어 자리해 주신 [직함]님께 진심으로 감사드립니다."

부산대학교 환경공학과 설립 40주년 기념 동문인의 밤 행사에서 환경부 한정애 장관님을 소개할 때, 저는 "오늘 이 자리에 환경부 한정애 장관님께서 참석해 주셨습니다. 부산대학교 환경공학과 출신의 선배님이신 한정애 장관님은 취임 이후 우리나라 환경산업의 혁신적 발전과 관련 산업 종사자들의 권익 향상을 위해 다양한 정책을 추진해오셨죠. 바쁘신 일정에도 불구하고 오늘 행사를 빛내주신 장관님께 진심으로

부산대학교 환경공학과 주최
40주년 기념 '동문인의 밤'

감사드립니다."라고 소개했습니다. 해당 소개멘트로 동문들과 후배들의 자긍심을 고취시켰으며 정확한 업적을 언급함으로써 내빈에 대한 존중과 행사의 중요성을 동시에 강조했습니다.

내빈이 많을 때의 소개 방법

다수의 내빈이 참석한 경우, 모든 분을 동일한 방식으로 자세히 소개하기 어려울 수 있습니다. 이때는 서열이나 중요도에 따라 차등을 두어 소개하되 누구도 소외감을 느끼지 않도록 주의해야 합니다.

> "먼저 오늘 행사의 주빈이신 [이름][직함]님을 소개합니다. [간략한 소개] 다음으로 [직책별 또는 테이블별로 그룹화 하여] 소개해 드리겠습니다. [테이블1]에는 [이름][직함]님, [이름][직함]님께서 자리하셨습니다. [테이블2]에는……."

한번은 이노비즈협회 부산울산지회 박성백 협회장 이·취임 행사에서 50여 명이 넘는 내빈을 소개해야 했습니다. 모든 분을 개별적으로 소개하면 시간이 너무 길어질 것 같아, 의전 상 먼저 소개를 해야 하는 서열의 3명을 자세히 소개한 후 나머지 분들은 "외교단을 대표하여 참석하신 여러 국가의 총영사님들", "우리지역 경제계를 대표하여 참석하신 기업인 여러분" 등으로 그룹화하여 소개했습니다. 그리고 "모든 내빈 여러분의 존함과 직함은 프로그램 북에 상세히 기재되어 있으니 참고해 주시기 바랍니다."
라고 안내했습니다. 이런 방식으로 시간을 절약하면서도 모든 내빈을 예우할 수 있었습니다.

이노비즈협회 부산울산지회 주최 '이·취임식 및 우수 이노비즈 기업 시상식'

내빈 소개 시 실수 방지를 위한 팁

사전 준비

행사 전 내빈 명단을 받아 직함과 성명을 정확히 숙지하세요. 발음이 어려운 이름은 발음 기호를 메모해두는 것이 좋습니다.

확인 과정

가능하다면 행사 담당자나 내빈의 비서에게 직함과 호칭이 정확한지 확인하세요. 특히 최근에 직책이 변경되었을 가능성도 고려해야 합니다.

순서와 중요도

내빈 소개 순서는 서열이나 행사에서의 역할에 따라 결정됩니다. 일반적으로 최고 서열자를 마지막에 소개하지만, 행사의 성격과 관례에 따라 달라질 수 있으니 사전에 확인하세요.

메모 활용

많은 내빈을 소개해야 할 경우, 메모를 활용하되 자연스럽게 보이도록 연습하세요. 세라믹 펜을 이용하여 큰 글씨로 정리하거나 형광펜을 활용하여 눈에 잘 띄도록 그어두면 좋습니다.

발성과 속도

내빈 소개 시에는 특히 정확한 발음과 적절한 속도가 중요합니다. 너무 빠르거나 불분명하게 말하면 내빈의 이름과 직함이 제대로 전달되지 않을 수 있습니다.

고용노동부와 부산광역시가 주최한 취업 박람회 행사에서 MC를 맡았을 때의 일입니다. 공동 주최이기 때문에 어떠한 순서로 내빈을 소개할지 내부적으로 협의가 되지 않은 상태였습니다. 고용노동부에서는 차관이, 부산광역시에서는 시장이 내빈으로 참석했습니다. 서열상 어떤 분을 먼저 소개할지 내부적으로 정리가 되지 않았던 거죠.

이렇듯 각 공공기관이 공동주최를 할 때 기관장 서열에 따른 정확한 소개 순서가 협의되지 않아 내빈 소개 시 본의 아니게 실수를 할 수 있습니다. 그래서 사전 리허설 시 시나리오 상에 정리된 내빈 순서를 읽어 행사 담당자가 미리 체크할 수 있도록 하는 것이 좋습니다. 이렇게 하면 내부적으로 소통한 후 의전 담당자가 정확한 순서를 알려줄 수 있습니다.

한국남부발전 등 9개 공공기관 주최 '지역경제활성화기금 BEF' 인증식

소방청 행사에서도 유사한 사례가 있었습니다. 소방관 서열에 따른 정확한 소개 순서를 사전 리허설에서 소방청 의전 담당자가 알려주었습니다. 이런 경험을 통해 각 조직마다 고유한 서열과 의전 규칙이 있음을 깨달았고, 이후로는 항상 해당 조직의 의전 담당자와 사전에 소통하는 것을 원칙으로 삼았습니다.

내빈 소개의 실제 예시와 핵심기술

내빈소개는 행사의 격을 높이고 참석자들에게 존중을 표현하는 중요한 순간입니다. 효과적인 내빈소개를 위한 기본 원칙은 다음과 같습니다.

| 내빈소개의 5가지 기본 원칙 |

원칙	내용	실행 방법
정확성	내빈의 이름, 직위, 소속을 정확히 파악	행사 전 명단 확인 및 발음 연습
서열 존중	공식적인 서열 및 지위에 따른 소개	의전 서열표 참고 및 확인
간결함	불필요한 수식어 배제, 핵심 정보만 전달	소개 시 3문장 이내로 제한
균형감	모든 내빈에게 동등한 존중 표현	소개 시간과 내용의 균형 유지
적절한 톤	경의를 표하되 과장되지 않은 어조	안정적이고 명료한 발성 유지

아래는 다양한 행사 상황에서 활용할 수 있는 내빈 소개 예시 스크립트 입니다.

공식 행사에서의 내빈 소개

> "오늘 행사를 빛내주기 위해 [이름][직함]님께서 참석해 주셨습니다. [직함]님께서는 [업적·공로]로 [분야]에 큰 기여를 해오셨습니다. 바쁘신 일정에도 불구하고 자리해 주신 [직함]님께 진심으로 감사드립니다."

축하 행사에서의 내빈 소개

"오늘의 주인공을 축하해주기 위해 특별히 [이름][직함]님께서 함께 해 주셨습니다. [직함]님과 [주인공]은 [관계나 인연]으로 오랜 시간 인연을 맺어오셨습니다. 귀한 발걸음을 해주신 [직함]님께 감사의 박수 부탁드립니다."

학술 행사에서의 연사 소개

"다음으로 [주제]에 관해 발표해 주실 [이름][직함]님을 소개해 드리겠습니다. [직함]님은 [전문 분야]에서 [주요 연구·저서·경력] 등으로 널리 알려져 있으며, 특히 [특별한 업적]으로 학계의 주목을 받고 계십니다. 오늘 귀중한 지식을 나누어 주실 [직함]님을 큰 박수로 맞이해 주시기 바랍니다."

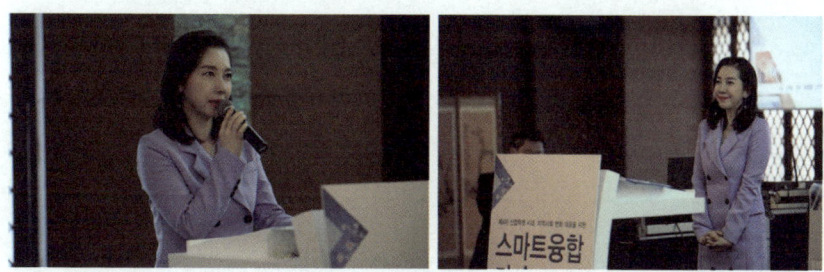

국립해양대학교 주최 '스마트융합기술포럼'

내빈 소개는 행사의 첫인상을 결정짓는 중요한 요소입니다. 정확하고 예의 바른 소개는 내빈에 대한 존중을 표현할 뿐만 아니라, 행사 전체의 품격을 높이는 데 기여합니다. 다양한 표현과 상황별 접근법을 숙지하여 모든 내빈이 존중받는 느낌을 갖도록 노력해 보세요.

연사와 내빈을 위한 완벽한 환영,
박수유도의 예술

 행사의 품격과 분위기를 좌우하는 중요한 요소 중 하나가 바로 '박수 유도'입니다. 적절한 박수는 내빈과 연사에 대한 존중과 환영을 표현하고, 청중과 무대 사이의 에너지를 연결하는 다리 역할을 합니다. 행사에서 박수는 단순한 소리가 아닌 강력한 소통의 도구입니다. 적절한 순간에 유도된 박수는 행사의 분위기를 전환하고, 연사와 내빈을 환영하며, 청중의 집중력을 강화하는 중요한 요소입니다. MC는 다양한 박수 유도 표현을 상황에 맞게 구사함으로써 행사의 분위기를 효과적으로 조성할 수 있습니다.

박수의 의미와 중요성

 박수는 단순한 소음이 아니라 감정과 메시지를 담은 무언의 소통입니다. 환영, 감사, 축하, 격려, 존경 등 다양한 감정을 표현할 수 있으며, 행사의 성격과 상황에 따라 적절한 박수 유도가 필요합니다.

TBN교통방송에서 '아침을 달린다.'를 진행할 때, 라디오임에도 불구하고 스튜디오에 게스트가 오면 "오늘 귀한 시간 내어 스튜디오를 찾아주신 [이름][직함]님께 제작진 모두 박수로 환영합니다."라고 말했습니다. 실제 청취자들은 들을 수 없지만, 이 작은 제스처가 게스트에게 편안함과 존중감을 주는 것을 경험했습니다.

다양한 언어적 박수 유도 기법과 활용법

박수 유도 방식은 행사의 성격, 내빈의 위상, 연사의 특성, 그리고 전달하고자 하는 감정에 따라 다양하게 구사할 수 있습니다. 다음은 상황별로 활용할 수 있는 박수 유도 표현들입니다. 박수를 유도하는 언어적 표현은 단순한 "박수 부탁드립니다."를 넘어 다양하고 상황에 맞게 구사되어야 합니다.

| 다양한 박수유도 기법 |

큰 박수		모시겠습니다.
따뜻한 박수		
격려의 박수		부탁드립니다.
힘찬 박수		맞이해 주십시오.
열렬한 박수	다양한 박수유도멘트 가능	보내주십시오.
기립 박수		
환영의 박수		마음을 전해주십시오.
감사의 박수		응원해 주십시오.
존경의 박수		
축하의 박수		전해주십시오.

환영과 등장을 위한 박수 유도

- "다음 연사로 [이름][직함]님을 큰 박수로 모시겠습니다."
- "지금부터 [이름][직함]님의 기조연설이 있겠습니다. 따뜻한 박수로 맞이해 주시기 바랍니다."
- "오늘의 주인공, [이름][직함]님을 힘찬 박수로 무대에 모시겠습니다."
- "멀리 [지역·국가]에서 오신 [이름][직함]님을 열렬한 박수로 환영해 주시기 바랍니다."
- "이번 행사를 빛내주실 [이름][직함]님을 뜨거운 환영의 박수로 맞이하겠습니다."

환영을 위한 박수는 연사나 내빈이 무대에 처음 등장할 때 사용하는 것으로, 첫인상과 분위기 형성에 중요한 역할을 합니다. 한번은 한국해양수산개발원 주최 임직원 대상 콘퍼런스에서 권위있는 석학인 106세의 철학자 연세대학교 '김형석' 교수를 연설자로 모신 적이 있습니다. 교수님을 소개할 때 "대한민국의 인문학 분야에서 모든 전문가들이 주목하는 석학이자, 특별히 이번 행사를 위해 서울에서 방문해주신 김형석 교수님을 열렬한 환영의 박수로 모시겠습니다."라고 소개했습니다. 이 소개를 듣고 청중들은 자발적으로 일어나 기립 박수를 보냈고, 연사는 매우 감동받은 표정으로 무대에 올랐습니다.

한국해양수산개발원 주최 '김형석 교수의 행복으로 가는 길' 강연

감사와 존경을 담은 박수 유도

- "[이름][직함]님의 통찰력 있는 발표에 감사의 박수를 부탁드립니다."
- "오랜 경험과 지혜를 나눠주신 [이름][직함]님께 존경의 박수를 보내주시기 바랍니다."
- "귀중한 시간을 내어 자리해 주신 [이름][직함]님께 진심 어린 감사의 박수 부탁드립니다."
- "[분야]의 발전을 위해 헌신해 오신 [이름][직함]님의 노고에 깊은 감사의 박수를 보내주세요."
- "오늘 귀한 말씀을 전해주신 [이름][직함]님께 진심 어린 감사의 박수로 마음을 전해주시기 바랍니다."

감사와 존경의 박수는 주로 발표나 연설이 끝난 후에 사용합니다. 부산대학교 미디어커뮤니케이션학과에서 재직한 장익진 교수의 퇴임식 행사에서 교수님의 기조 강연이 끝났을 때, "30여 년간의 연구와 경험에서 우러나온 지혜를 아낌없이 나눠주신 장익진 교수님께 존경과 감사의 마음을 담아 뜨거운 박수 부탁드립니다."라고 말했습니다. 이 말에 청중들은 역시 자발적으로 일어나 오랫동안 박수를 보냈고, 교수님은 눈시울을 붉혔습니다.

격려와 축하의 박수 유도

> - "어려운 도전을 성공적으로 이끌어 오신 [이름][직함]님을 격려의 박수로 응원해 주시기 바랍니다."
> - "새로운 책 출간을 축하드리며, [이름][직함]님께 축하의 박수를 보내주세요."
> - "오늘의 수상자, [이름][직함]님께 축하의 힘찬 박수 부탁드립니다."
> - "앞으로의 도전과 성공을 기원하며 [이름][직함]님께 힘찬 격려의 박수를 전해주시기 바랍니다."
> - "값진 성과를 이룩하신 [이름][직함]님의 앞날을 응원하는 뜨거운 축하 박수 부탁드립니다."

격려와 축하의 박수는 특히 시상식이나 축하 행사에서 효과적입니다. 경상남도 양산도서관 주최 '어서오세요, 휴남동 서점입니다'의 황보름 작가와 함께하는 신진 작가의 북 토크쇼에서 "10년간의 집필 여정 끝에 마침내 첫 책을 세상에 선보이게 된 황보름 작가님

경상남도 양산도서관 주최
'황보름 작가와의 북토크'

을 향해, 앞으로의 문학 여정을 응원하는 뜨거운 격려의 박수를 부탁드립니다." 라고 말했습니다. 이 말에 청중들은 열렬한 박수와 함께 환호성을 보냈고, 작가는 감사로 화답했습니다.

경의와 예우를 담은 박수 유도

- "우리나라 [분야]의 발전에 평생을 바치신 [이름][직함]님께 경의를 표하는 박수를 부탁드립니다."
- "[이름][직함]님의 헌신적인 리더십에 깊은 존경의 박수를 보내주시기 바랍니다."
- "국가와 사회를 위해 헌신해 오신 [이름][직함]님을 향한 존경과 감사의 박수를 부탁드립니다."
- "오랜 기간 [분야]를 이끌어 오신 [이름][직함]님께 경의를 담은 뜨거운 박수로 예우를 표해주시기 바랍니다."
- "우리 모두의 롤 모델이신 [이름][직함]님께 최고의 예우를 담은 박수를 보내주세요."

경의와 예우를 담은 박수는 특히 원로나 높은 공로를 가진 인사에게 적합합니다. 국토교통부 행사에서 은퇴를 앞둔 고위 공무원을 소개할 때, "30여 년 동안 국가 국토균형발전에 헌신하고, 수많은 후배들의 멘토가 되어주신 [이름][직함]님께 깊은 경의를 담아 기립 박수를 부탁드립니다."라고 말했습니다. 이에 모든 참석자가 일어나 오랫동안 박수를 보냈고, 그분은 깊은 감동을 표현했습니다.

특별한 상황을 위한 박수 유도

- "갑작스러운 상황에도 흔들림 없이 발표를 이어가신 [이름][직함]님께 응원의 박수 부탁드립니다." (기술적 문제 등이 있었을 때)
- "오늘 처음으로 대중 앞에서 발표하시는 [이름][직함]님께 따뜻한 격려의 박수를 보내주세요." (초보 연사일 때)
- "건강 문제에도 불구하고 오늘 이 자리에 함께해 주신 [이름][직함]님께 감사와 존경의 박수를 부탁드립니다." (건강 문제가 있는 연사)
- "급히 마련된 자리에도 흔쾌히 참석해 주신 [이름][직함]님께 특별한 감사의 박수 부탁드립니다." (급히 섭외된 연사)
- "장시간의 이동에도 불구하고 신선한 에너지로 강연해 주신 [이름][직함]님께 감사의 박수를 보내주세요." (원거리에서 온 연사)

특별한 상황에 맞춘 박수 유도는 참석자들에게 맥락을 이해시키고 더 진심 어린 박수를 유도합니다. 한번은 부산경제진흥원 주최 관광관련 세미나에서 갑작스런 건강 악화로 인해 어렵게 발걸음을 한 연사를 소개할 때, "건강상의 어려움에도 불구하고 오늘 이 중요한 지식을 나누기 위해 목발을 짚고 온 나무컨벤션 남지혜 대표님의 열정과 헌신에 깊은 감사와 존경의 박수를 부탁드립니다."라고 말했습니다. 이에 청중들은 박수로 화답했고, 연사는 따뜻한 환영에 감동한 모습이었습니다.

이렇듯 박수는 단순한 예의 표현을 넘어 다양한 심리적 효과를 제공합니다. 박수는 행사에서 가장 효과적인 비언어적 소통 도구입니다. 청중은 박수를 통해 존중, 환영, 축하, 그리고 감사의 마음을 표현할 수 있습니다.

박수의 종류와 의미, 그리고 강도 조절하기

모든 박수가 동일한 의미를 갖지는 않습니다. 상황과 맥락에 따라 다양한 박수 유형을 이해하고 적절히 유도하는 것이 중요합니다. 박수에도 다양한 종류와 강도가 있으며, 상황에 맞게 적절한 박수를 유도하는 것이 MC의 역할입니다.

박수의 종류

- **일반 박수:** 가장 기본적인 형태로, 일상적인 환영이나 감사를 표현할 때 사용합니다.
- **힘찬 박수·큰 박수:** 특별한 업적이나 중요한 인물을 소개할 때 사용합니다.
- **따뜻한 박수·온정어린 박수:** 격려나 공감의 의미를 담을 때 적합합니다.
- **열렬한 박수·뜨거운 박수:** 높은 존경이나 특별한 환영을 표현할 때 사용합니다.
- **기립 박수:** 최고의 예우와 존경을 표현할 때 사용합니다.
- **축하의 박수:** 수상이나 성취를 축하할 때 사용합니다.

예를 들어 경찰청이나 소방청 행사에서 순직 유가족을 소개할 때, 단순히 "박수 부탁드립니다."라고 하기보다 "우리의 안전을 위해 희생하신 분들의 가족을 향해 깊은 감사와 존경의 마음을 담아 따뜻한 박수를 부탁드립니다."라고 말해보세요. 이를 통해 일반적인 환영의 박수가 아닌, 애도와 존경이 담긴 특별한 박수를 유도할 수 있습니다.

박수 강도 조절 표현

- "큰 박수로 환영해 주세요." (일반적인 환영)
- "더욱 힘찬 박수 부탁드립니다." (박수 강화)
- "다시 한 번 뜨거운 박수 부탁드립니다." (박수 연장)
- "모두 일어나서 기립 박수를 부탁드립니다." (최고 예우)
- "잠시 박수를 멈추고 다음 순서를 안내해 드리겠습니다." (박수 정리)

NH농협은행 주최 'NH디지털 Challenge DEMO DAY'

　박수의 강도를 조절하는 것은 행사의 흐름과 분위기를 관리하는 데 중요합니다. 부산벤처기업협회장 이·취식에서 이임하는 김경조 회장님과 한국여성벤처기업협회 부산경남지회장 이·취식에서, 이임하는 송미란 회장님을 소개할 때 개인적으로도 감회가 깊었습니다. 저는 협회 회원사이자 아나운서로 그 노고를 너무나 잘 알고 있었기에 "무려 10년 동안 우리협회를 위해 헌신하신 회장님을 모시겠습니다. 그 노고를 치하하며 감사의 마음을 전달하기 위해 모두 자리에서 일어나 뜨거운 기립 박수로 맞이해 주시기 바랍니다."라고 말했습니다. 이 멘트는 일반 박수가 아닌 기립 박수를 유도함으로써 협회장의 위상에 맞는 예우를 표현했습니다.

상황별 박수 유도 실전 가이드

공식 행사에서의 박수 유도

공식 행사에서는 격식을 갖추면서도 진정성 있는 박수 유도가 중요합니다.

> "다음은 [이름][직함]님의 기조연설이 있겠습니다. [직함]님은 [주요 업적·공로]로 [분야]에 지대한 공헌을 해오셨습니다. 바쁘신 일정에도 불구하고 오늘 귀중한 통찰을 나누어 주시기 위해 자리해 주신 [직함]님을 뜨거운 환영의 박수로 모시겠습니다."

시상식에서의 박수 유도

시상식에서는 수상자의 업적과 성취를 강조하는 박수 유도가 효과적입니다.

> "다음은 [상 이름] 수상자 발표가 있겠습니다. 올해의 [상 이름]은 [성취·공로]를 통해 [분야]에 혁신적인 기여를 한 분에게 수여됩니다. 올해의 수상자는……. [이름][직함]님입니다! [이름][직함]님을 축하의 큰 박수로 모시겠습니다."

한 문학상 시상식에서 평생 문학상을 받으시는 원로 작가를 소개할 때, "50년간 한국 문학의 새 지평을 열어 온 [이름] 작가님께서 평생 문학상을 수상하십니다. 우리 문학의 거장을 향한 존경과 감사의 마음을 담아 모두 일어나 뜨거운 기립 박수를 보내주시기 바랍니다."라고 표현할 수 있습니다. 이 멘트는 단순한 축하를 넘어 문학적 업적에 대한 존경을 표현하는 것이며, 실제로 모든 참석자가 오랫동안 기립 박수를 보냈습니다.

학술 세미나에서의 박수 유도

학술 행사에서는 연사의 전문성과 지식 공유에 초점을 맞춘 박수 유도가 적합합니다.

> "다음 발표는 [분야]의 권위자이신 [이름][직함]님이 '[발표 제목]'에 대해 발표해 주시겠습니다. [직함]님은 [주요 연구·저서]로 학계에 큰 영향을 미쳐오셨습니다. 귀중한 연구 결과를 공유해 주실 [직함]님을 학문적 존경의 마음을 담아 박수로 모시겠습니다."

저는 수많은 학술 세미나를 진행하며 연구자들을 소개할 때, "20년간의 현장 연구와 100편이 넘는 논문을 통해 우리나라 [분야]정책의 이론적 토대를 마련해 오신 [이름] 교수님을 모시겠습니다. 학문적 열정과 사회적 기여에 깊은 감사의 박수를 부탁드립니다."라고 말합니다. 이 멘트는 단순한 소개를 넘어 연구자의 학문적 기여와 사회적 임팩트를 강조한 사례입니다.

기업 및 공공기관 행사에서의 박수 유도

기업 행사에서는 성과와 리더십을 강조하는 박수 유도가 효과적입니다.

> "다음은 우리 회사의 놀라운 성장을 이끌어 오신 [이름][직함]님의 비전 발표가 있겠습니다. [이름][직함]님의 혁신적인 리더십 아래, 우리 회사는 [구체적인 성과]를 달성했습니다. 앞으로의 비전을 들려주실 [이름][직함]님을 열렬한 박수로 모시겠습니다."

한국여성경제인협회 부산지회 창립 26주년 기념행사에서 장손득 협회장을 소개할 때, "어려운 시장 환경 속에서도 지난 해 20% 회원사 증강과 50% 이상의 회원사들의 해외 시장 진출이라는 기적을 이루어낸 장손득 회장님의 리더십에 감사드리며, 앞으로의 비전을 들려줄 회장님을 진심 어린 감사와 존경의 박수로 모시겠습니다."라고 말했습니다. 이 멘트는 구체적인 성과를 언급함으로써 박수의 의미를 더욱 강화할 수 있습니다.

| 상황별 박수 유도 표현 모음 |

상황	기본 표현	세련된 표현	주의 사항
내빈 소개	"박수로 환영해 주십시오."	"따뜻한 환영의 박수로 맞이해 주시기 바랍니다."	직함과 이름을 정확히 언급한 후 사용
연사 소개	"박수 부탁드립니다."	"귀한 시간을 내어 자리해 주신 OO님께 감사의 박수를 보내주세요."	연사의 업적이나 전문성을 간략히 언급 후 사용

수상자	"축하 박수 부탁드립니다."	"값진 성과를 이루어낸 ○○님께 뜨거운 축하의 박수를 보내주세요."	수상 이유나 공적을 간략히 언급 후 사용
감사 표현	"감사의 박수 부탁드립니다."	"오늘 행사를 위해 헌신해주신 모든 분들께 진심 어린 감사의 박수를 부탁드립니다."	공로자의 노력을 구체적으로 언급
프로 그램 마무리	"마지막 박수 부탁드립니다."	"감동적인 순간을 선사해 주신 ○○님께 마지막으로 뜨거운 박수로 감사의 마음을 전해주세요."	마무리 멘트와 함께 사용

박수 유도의 실수와 주의사항

효과적인 박수 유도를 위해 피해야 할 실수와 주의사항도 있습니다.

피해야 할 실수

- 과도한 미사여구 사용: '세계적인 석학', '최고의 권위자' 등 과도한 표현은 신뢰성을 떨어뜨릴 수 있습니다.
- 부적절한 강도의 박수 요청: 상황에 맞지 않게 기립 박수를 요청하는 등의 행동은 어색한 분위기를 만들 수 있습니다.
- 너무 길거나 복잡한 소개: 박수 유도 전 너무 긴 소개는 청중의 집중력을 떨어뜨립니다.
- 똑같은 표현의 반복: 모든 연사에게 "큰 박수로 모시겠습니다." 라고 반복하면 특별함이 사라집니다.
- 개인적 친분 과시: "제 오랜 친구인……" 등의 표현은 피하는 것이 좋습니다.

가끔 아나운서들이 과도한 미사여구를 사용해 한 연사를 소개하는 경우가 많은데, 오히려 그분에게 "소개가 너무 과장되어 부담스러웠다."라는 말을 듣곤 합니다. 사실에 기반한 구체적인 소개와 박수 유도를 하려고 노력해보세요.

박수 유도 시 주의사항

- **정확한 정보 확인**: 연사의 직함, 업적, 공로 등을 정확히 확인하고 언급하세요.
- **행사 성격에 맞는 톤**: 경건한 행사와 축제 분위기의 행사는 박수 유도 방식이 달라야 합니다.
- **청중 구성 고려**: 국제 행사라면 다국어 소개나 문화적 차이를 고려한 박수 유도가 필요할 수 있습니다.
- **시간 관리**: 박수가 너무 오래 이어질 경우, 자연스럽게 다음 순서로 넘어가는 방법을 알아야 합니다.
- **비언어적 신호 활용**: 박수 유도 시 자신이 먼저 박수를 치거나, 함께 박수를 쳐야합니다. 청중만 박수를 치고 있고 아나운서가 멀뚱히 서 있기만 한다면 언행일치가 되지 않는 아나운서가 되겠죠. 손짓으로 일어서라는 신호를 보내는 등의 비언어적 소통도 중요합니다.

문화적 차이로 인한 실수를 국제행사에서 경험할 수 있습니다. 일부 문화권에서는 기립 박수가 일상적이지 않았는데, 이를 고려하지 않고 기립 박수를 요청해 어색한 상황이 발생하는 경우도 있습니다. 국제 행사에서 박수 문화에 대해 사전에 조사가 필요한 이유입니다.

박수 유도를 위한 목소리와 제스처

효과적인 박수 유도는 말의 내용뿐만 아니라, 어떻게 말하는지도 중요합니다.

목소리 활용법

- **톤 변화**: 박수 유도 직전에 목소리 톤을 약간 높이거나 강조하세요.
- **속도 조절**: 박수 유도 문장은 약간 천천히, 특히 "박수"라는 단어를 강조하세요.
- **잠시 멈춤**: "큰 박수를……. 부탁드립니다."처럼 잠시 멈춤으로써 청중의 기대감을 높이세요.
- **볼륨 조절**: 박수 유도 문장은 약간 더 크고 명확하게 말하세요.
- **열정 담기**: 진정성과 열정이 담긴 목소리는 청중의 참여를 이끌어냅니다.

부산대학교 미디어커뮤니케이션학과에서 겸임교수로 재직하고 있는 저는 '스피치론'을 가르치고 있습니다. 해당 수업 시, 저는 학생들에게 이런 음성 변화의 중요성을 항상 강조합니다. 특히 "박수를 부탁드립니다."라는 문장은 마지막 단어를 강조하되 억지스럽지 않게 자연스러운 열정을 담아야 효과적임을 알려줍니다.

박수 유도 시 효과적인 제스처

- 손동작: 박수 유도 시 양손을 살짝 들어 올리거나, 박수치는 동작을 시작하세요.
- 시선 처리: 청중 전체를 둘러보며 참여를 독려하세요.
- 무대 활용: 연사가 입장하는 방향으로 몸을 돌리거나 손짓하세요.
- 미소와 표정: 환영과 감사의 표정으로 박수의 분위기를 이끌어내세요.
- 기립 박수 시: 직접 일어나서 모범을 보이세요.

제가 MC로 활동할 때 가장 효과적이라고 느낀 제스처는 박수 유도 멘트와 함께 양손을 가슴 높이에서 약간 벌리는 동작입니다. 이 동작은 청중에게 "함께 참여해주세요." 라는 무언의 신호를 보내는 효과가 있습니다. 또한 기립 박수를 유도할 때는 반드시 일어나라는 손짓을 하거나 혹시 앉아있다면 먼저 일어나서 모범을 보여 청중의 참여율을 높여보세요.

부산광역시 주최 Fly Asia ESG 창업기업 챌린지 리그의 '박수유도' 제스처 (좌)
부산국제어린이청소년영화제 개막식에서 이지원 배우와 함께하는 '박수유도' 제스처 (우)

박수 유도, 예술을 넘어 과학으로

박수 유도는 단순한 기술을 넘어 행사의 성공을 좌우하는 중요한 요소입니다. 적절한 타이밍, 언어적·비언어적 표현, 상황에 맞는 전략으로 MC는 박수를 통해 행사의 분위기를 조율하고, 연사와 내빈을 환영하며, 청중의 참여를 이끌어낼 수 있습니다.

성공적인 박수 유도는 MC의 자신감, 진정성, 그리고 청중과의 교감에서 비롯됩니다. 효과적인 박수 유도는 MC의 전문성을 보여주는 중요한 요소입니다. 상황에 맞는 적절한 표현, 진정성 있는 전달, 그리고 연사와 청중 모두를 배려하는 마음가짐이 중요합니다. 이 장에서 다룬 다양한 기법과 전략을 실제 행사에 적용하며 여러분만의 박수 유도 스타일을 개발해 나가세요.

완벽한 박수 유도를 위한 핵심 포인트를 정리하면 다음과 같습니다.

- **상황 인식:** 행사의 성격, 연사의 위상, 청중의 구성을 정확히 파악하세요.
- **다양성 유지:** 다양한 박수 유도 표현을 준비하고 상황에 맞게 사용하세요.
- **구체적 정보:** 연사의 구체적인 업적이나 공로를 언급하여 박수

> 의 이유를 명확히 하세요.
> - **진정성**: 형식적인 멘트가 아닌 진심이 담긴 소개와 박수 유도를 하세요.
> - **목소리와 제스처**: 언어적·비언어적 요소를 모두 활용하여 효과적으로 박수를 유도하세요.

박수는 단순한 소음이 아니라 무언의 소통이자 존중의 표현입니다. MC는 이 소중한 순간을 통해 연사와 청중 사이의 감정적 연결을 만들어내는 중요한 역할을 합니다. 적절한 박수 유도는 연사에게는 자신감과 환영받는 느낌을, 청중에게는 참여의 기회와 존중을 표현할 기회를 제공합니다.

저는 20여 년이 넘는 MC 경험을 통해 박수의 힘을 수없이 목격했습니다. 때로는 떨리는 첫 연설자에게 용기를 주었고, 때로는 평생의 업적을 인정받는 원로에게 감동의 순간을 선사했으며, 때로는 침체된 행사에 활력을 불어넣기도 했습니다. 적절한 순간에, 적절한 방식으로 유도된 박수는 행사의 품격과 에너지를 한 단계 끌어올릴 수 있습니다.

제가 한 행사에서 경험한 잊지 못할 순간이 있습니다. 평생을 어민들의 권익 향상을 위해 헌신해온 한 원로 어촌계장님을 소개할 때였습니다. 저는 그분의 50년 헌신과 구체적인 공로를 언급하며 "우리의 바다와 어촌을 지키기 위해 평생을 바치신 이 분의 숭고한 헌신에 감사하는 마음으로, 모두 일어나 가장 진심 어린 기립 박수를 부탁드립니다."라고 말했습니다.

그 순간, 300명이 넘는 참석자들이 일제히 일어나 오랫동안 박수를 보냈고, 무대 위 원로 어촌계장님의 눈시울이 붉어졌습니다. 행사가 끝난 후 그분이 저에게 다가와 "평생 처음으로 내 일이 가치 있게 여겨지는 느낌을 받았다."고 말씀하셨을 때 저는 박수의 진정한 힘을 깨달았습니다.

우리가 유도하는 박수 한 번이 누군가에게는 평생 잊지 못할 인정과 존중의 순간이 될 수 있습니다. MC로서 이 책임과 특권을 깊이 인식하고, 항상 진정성을 담아 적절한 박수를 유도하는 것이 중요합니다.

다양한 박수 유도 표현을 익히고 상황에 맞게 활용하되, 가장 중요한 것은 진심을 담는 것임을 잊지 마세요. 여러분의 진정성 있는 박수 유도가 연사에게는 자신감과 인정의 순간을, 청중에게는 참여와 공감의 기회를, 그리고 행사 전체에는 품격과 에너지를 선사할 것입니다.

부산광역시 주최 '부산지역문제해결플랫폼'

효과적이고 부드러운 진행전환!
세련된 언어 사용과 표현력

진행전환의 중요성, 행사의 흐름을 결정짓는 핵심 요소

성공적인 행사 진행의 핵심은 각 순서 간의 자연스러운 연결에 있습니다. 아무리 훌륭한 콘텐츠가 준비되어 있더라도 부자연스러운 전환은 행사의 흐름을 끊고 청중의 몰입을 방해합니다. 반면, 매끄러운 진행전환은 프로그램 간의 연결을 부드럽게 하여 행사 전체가 하나의 유기적인 흐름으로 느껴지게 합니다.

MC의 말 한마디는 행사의 품격을 좌우합니다. 상황에 맞는 적절한 표현을 구사하는 것은 중요합니다. 진행전환은 단순히 다음 순서를 알리는 것 이상의 의미를 지닙니다. 전문 MC는 진행전환을 통해 다음과 같은 효과를 창출합니다. 그중 효과적인 전환을 위한 부드러운 진행전환 멘트를 소개합니다.

진행전환의 기본 원칙과 3단계 구조

성공적인 진행전환은 명확한 구조를 따릅니다. 이 구조는 청중이 프로그램의 흐름을 쉽게 따라올 수 있도록 도와줍니다.

- **마무리 단계:** 이전 순서의 핵심을 요약하고 의미를 부여
- **연결 단계:** 이전 순서와 다음 순서 사이의 연결 고리 제시
- **안내 단계:** 다음 순서의 내용과 참여 방법 명확히 안내

| 진행 전환의 3단계 구조 |

[마무리 단계]

"지금까지 홍길동 부장님으로부터
우리 회사의 새로운 비전과 전략 방향에 대한 통찰력 있는 발표를 들었습니다.
특히 디지털 전환을 통한 고객 경험 혁신이라는 핵심 메시지가 인상적이었습니다."

[연결 단계]

"이러한 비전을 실현하기 위해서는 구체적인 실행 계획이 필요합니다.
전략은 실행을 통해 비로소 가치를 만들어내기 때문입니다."

[안내 단계]

"다음 순서에서는 홍길동 이사님께서 이러한 비전을 현실화할 구체적인 액션 플랜을
공유해주실 예정입니다. 모두 큰 박수로 홍길동 이사님을 맞이해 주시기 바랍니다."

상황별 진행전환을 위한 세련된 표현 모음

행사의 성격과 상황에 따라 진행전환의 방식도 달라져야 합니다. 다양한 상황에서 활용할 수 있는 세련된 진행전환 표현들을 소개합니다. 이러한 표현들은 단순한 "다음 순서는……."을 대체하여 행사의 품격을 높여줍니다.

| 상황별 세련된 진행전환 표현 |

기능	기본 표현	세련된 표현	활용 상황
이전 순서 마무리	"이것으로 끝났습니다."	"지금까지 통찰력 있는 발표를 들려주신 홍길동님께 다시 한 번 감사드립니다."	발표 후
다음 순서 안내	"다음은 OO입니다."	"이어서 우리 모두가 기대해온 OO에 대해 알아보는 시간을 갖겠습니다."	새 순서 소개
주제 간 연결	"다른 주제로 넘어갑니다."	"앞서 살펴본 전략적 방향성을 바탕으로, 이제는 구체적인 실행 방안을 함께 모색해보겠습니다."	연관 주제 전환
휴식 안내	"쉬는 시간입니다."	"지금까지 집중해주신 여러분께 감사드리며, 잠시 휴식을 통해 에너지를 충전하실 시간을 드리겠습니다."	휴식 전
휴식 후 재개	"다시 시작하겠습니다."	"반갑게 다시 만나 뵙게 되었습니다. 휴식을 통해 더욱 활기찬 분위기로 다음 순서를 이어가겠습니다."	휴식 후
예상치 못한 변경	"변경되었습니다."	"행사를 준비하는 과정에서 더 나은 경험을 제공하기 위해 일부 순서가 조정되었음을 안내드립니다."	프로그램 변경 시

부드러운 진행 전환

- "이제 다음 순서로 넘어가보겠습니다."보다는 "지금까지 감동적인 시상식을 보셨는데요, 이 기쁨을 음악과 함께 나누는 시간을 마련했습니다."처럼 연결성 있게 전환해보세요.
- "다음은"이라는 표현을 너무 자주 쓰지 마세요. "이어서", "함께 만나볼", "기대하셨던" 등 다양한 표현을 활용하세요.
- 시간적 흐름을 표현할 때도 변화를 주세요. "10분 후에", "잠시 후", "곧이어", "점심 식사 후에" 등 다양하게요.
- 청중에게 기대감을 주는 전환이 효과적이에요. "지금부터 오늘의 하이라이트를 소개하겠습니다." 또는 "많은 분들이 기다리셨던 순간이 다가왔습니다." 등이 있습니다.

문제 상황에서의 전환

- 기술적 문제가 생겼을 때는 "잠시 기술적인 준비가 필요한 상황입니다. 이 시간을 활용해 제가 [관련주제]에 대해 설명을 드려보겠습니다."
- 예상보다 일찍 끝났을 때는 "예상보다 순조롭게 진행되었네요. 이 소중한 시간을 활용해 평소에 나누지 못했던 질문을 더 받아보겠습니다."
- 지연이 발생했을 때는 "다음 연사가 교통 상황으로 잠시 지연되고 있습니다. 그동안 오늘 행사의 이어지는 나머지 순서를 설명 드려 보겠습니다."의 멘트 등이 있습니다

이러한 멘트 등은 사전에 숙지하여 몇 가지 루틴화 된 유형을 외워두는 것이 좋습니다. 왜냐하면 실제 행사에서 돌방상황이 일어나면 당황하며 잊어버리는 경우가 많기 때문이죠.

어휘력 향상을 위한 동의어 활용법

같은 의미를 다양한 표현으로 전달할 수 있는 능력은 MC의 중요한 역량입니다. 반복적인 표현을 피하고 풍부한 어휘로 청중의 관심을 유지하세요.

| MC 진행에 유용한 동의어 목록 |

기본 표현	동의어 및 대체 표현
소개하다	안내하다, 모시다, 알려드리다, 함께하다, 만나 뵙다
다음 순서	이어질 프로그램, 후속 세션, 다음 시간, 이어지는 내용
감사합니다	감사의 말씀 드립니다, 고마움을 전합니다, 감사의 마음을 표합니다
중요한	핵심적인, 필수적인, 결정적인, 주목할 만한, 간과할 수 없는
흥미로운	매력적인, 관심을 끄는, 호기심을 자극하는, 주목할 만한
시작하다	개시하다, 출발하다, 착수하다, 첫발을 내딛다, 막을 열다
끝내다	마무리하다, 마치다, 완료하다, 매듭짓다, 종료하다

제4장

행사 유형별
MC 진행 노하우

의전 행사,
품격을 높이는 진행

다양한 행사 유형은 각기 다른 목적, 분위기, 참석자 특성을 가지고 있어 MC에게 상황별 맞춤형 진행 능력을 요구합니다. 훌륭한 MC는 단순히 행사의 순서를 안내하는 것을 넘어 행사의 본질을 이해하고, 그 특성에 맞는 진행으로 행사의 목적을 효과적으로 달성하는 데 기여합니다.

특히 의전 행사는 격식과 절차가 중요합니다. 이런 행사에서 MC는 행사의 품격을 유지하면서도 딱딱하지 않게 진행해야 하는 어려운 역할을 맡게 됩니다.

공식 행사는 정부기관, 기업, 단체의 공식적인 활동을 대내외에 알리고 의미를 부여하는 자리입니다. 이러한 행사에서 MC는 행사의 품격을 높이고 공식성을 유지하면서도 참석자들에게 행사의 의미가 효과적으로 전달되도록 돕는 역할을 합니다.

언어 사용에 주의

먼저, 언어 사용에 특별한 주의를 기울여야 합니다. 공식 행사에서는 존댓말을 일관되게 사용하고, 격식 있는 어휘를 선택하세요. "~해주시기 바랍니다." 대신 "~해주시면 감사하겠습니다."와 같이 더 공손한 표현을 사용하는 것도 좋습니다. 정확하게 국어문법에 맞지 않더라도 행사 현장에서 실질적이고 통상적으로 많이 쓰고 있기에 소개합니다.

부산광역시 주최 부산국제어린이청소년영화제 개막식 MC를 맡았을 때, 외국인 참석자들이 많아 순차 통역이 제공되었습니다. 이때 제가 주의했던 점은 문장을 간결하게 구성하고, 통역사가 따라올 수 있도록 적절한 속도를 유지하는 것이었습니다. 또한 한국적인 관용어나 비유를 피하고, 누구나 이해할 수 있는 보편적인 표현을 사용했습니다.

부산광역시 주최 '부산국제어린이청소년영화제' 개막식

의전 행사 시 내빈 소개

의전 행사에서 내빈 소개는 매우 중요한 부분입니다. 이때 주의할 점은 직함과 성함을 정확히 발음하는 것입니다. 저는 항상 메모장에 한자나 영어 이름의 발음을 한글로 적어두고, 여러 번 연습합니다. 그리고 가능하다면 행사 전에 해당 인사나 비서에게 직접 확인하는 것이 가장 정확합니다.

의전 행사 시 자리배치

의전 행사에서 자리 배치도 중요한 부분입니다. MC는 앞자리에 어떤 순서로 누가 앉아있는지 미리 파악하고 있어야 합니다. 특히 단상에 초청하거나 기념촬영을 안내할 때 필요합니다. 한번은 국제 심포지엄에서 저는 행사 전 좌석 배치도를 미리 받아 주요 내빈의 자리를 모두 숙지했습니다. 덕분에 기념촬영 시 "앞줄 중앙에 회장님께서 자리해 주시고, 왼쪽부터 김 장관님, 이 총장님……." 식으로 자연스럽게 안내할 수 있었습니다.

의전행사 시 시간 관리

공식 행사의 또 다른 특징은 정확한 시간 관리입니다. 내빈들의 일정이 촉박한 경우가 많기 때문에, 계획된 시간을 철저히 지켜야 합니다. 저는 항상 손목시계를 착용하고, 주요 순서마다 예상 시간을 체크합니다. 시간이 지연되는 경우, 다음 순서를 간결하게 조정하거나 쉬는 시간을 줄이는 등의 방법으로 전체 일정을 맞추려고 노력합니다.

의전행사 시 MC의 자세

의전 행사에서 MC의 자세와 태도 또한 중요합니다. 저는 항상 등을 곧게 펴고, 안정된 자세를 유지하며, 양손은 자연스럽게 배꼽 아래에 모으거나 적절한 제스처를 사용합니다. 과도한 몸짓이나 표정 변화는 피하고, 차분하면서도 호감이 가는 표정을 유지하려고 노력합니다.

각종 행사 시 청중과 소통하는 적극적인 '제스처와 자세'

의전행사 시 돌발 상황 대처

　마지막으로 공식 행사는 종종 예상치 못한 돌발 상황이 발생합니다. 주요 인사의 지각, 순서 변경, 기술적 문제 등이 그것입니다. 이럴 때 MC는 침착하게 대응해야 합니다. 저는 항상 '이것은 내가 해결할 수 있는 문제인가, 아니면 도움이 필요한 문제인가?'를 빠르게 판단합니다. 한번은 한 내빈의 도착이 지연되었을 때, 저는 즉석에서 "다음 순서를 먼저 진행하고 [이름][직함]님이 도착하시면 축사를 듣도록 하겠습니다."라고 안내했고 행사 담당자와 눈빛만으로 소통하며 순서를 조정했습니다.

　공식 행사의 MC는 행사의 품격을 대표합니다. 철저한 준비와 격식 있는 진행으로 행사 전체의 가치를 높이는 역할을 기억하세요.

| 공식 행사 진행 시 흔히 발생하는 실수와 대처법 |

실수 유형	대처 방법	예방책
내빈 직함·이름 오류	즉시 정정하고 정중히 사과	사전에 명단 더블 체크, 어려운 이름은 메모
순서 누락	누락 사실 인정하고 즉시 보완	시나리오에 체크 표시하며 진행

시간 초과	신속하게 남은 순서 요약 진행	사전에 시간별 체크포인트 설정
장비 오작동	여유 있게 대처하며 유머로 넘기기	백업 마이크, 대체 시나리오 준비
예고되지 않은 순서 변경	유연하게 수용하고 자연스럽게 안내	주최 측과 긴밀한 소통 체계 유지

부산광역시 주최 '캡스톤 프로젝트 SEED UP 오디션'

협약식, 양측의 동등함을 강조하는 균형 있는 진행

협약식, 일명 MOU(Memorandum of Understanding, 양해각서) 체결식은 두 기관 이상의 단체가 협력을 약속하는 중요한 행사입니다. 이 행사의 핵심은 '양측의 동등한 존중'입니다. 가장 중요한 점은 참여 기관 간의 동등한 관계와 균형을 보여주는 것이기 때문에 MC는 어느 한쪽에 치우치지 않고 양측을 공평하게 대우해야 합니다.

협약식을 진행하기 전, 제가 가장 먼저 확인하는 것은 양측 기관의 정확한 명칭과 대표자의 직함입니다. '주식회사 제이컴즈'와 '㈜제이컴즈', '제이컴즈 주식회사', '제이컴즈㈜'는 공식 문서상 다를 수 있으니 반드시 양측에 확인해야 합니다. 한번은 한 대학과 기업 간의 협약식에서 기업명이 풀 네임으로 정확하게 쓰여 있지 않고 약어로 기입되어 있던 적이 있었습니다. 미리 확인하지 않았다면 당황할 수 있었을 것입니다. 그 이후로는 항상 양측이 공식적으로 사용하는 정확한 명칭을 문서로 받아 확인합니다.

부산국가혁신클러스터인력양성사업단 주최 '해양ICT 융합인재양성' 업무 협약식

협약식 진행 구조

협약식은 일반적으로 다음과 같은 구조로 진행됩니다.

- · 협약 체결의 배경과 목적 설명
- · 행사 시작 및 양측 소개
- · 양측 대표 인사말
- · 협약서 서명
- · 기념 촬영
- · 환담

이 순서는 상황에 따라 조금씩 달라질 수 있으니, 행사 전 주최 측과 반드시 확인하세요.

체결식 진행 시 가장 중요한 점은 양측을 동등하게 대우하는 것입니다. 인사말 순서를 정할 때도 '가나다' 순이나 영문 '알파벳' 순 등 객관적인 기준을 적용하거나, 먼저 서명하는 쪽이 나중에 인사말을 하는 등의 균형을 맞추는 방법을 사용합니다.

저는 한번 지역자치단체와 중소기업 간의 협약식에서 양측의 크기나 영향력의 차이가 있었지만, 의도적으로 "오늘 협약을 통해 양 기관은 동등한 파트너로서 새로운 시너지를 창출하게 될 것입니다."라고 강조했습니다. 이런 표현은 작은 기업에 힘을 실어주면서도 큰 기관의 체면도 세우는 방법입니다.

서명 과정에서의 MC 역할도 중요합니다. 서명 위치, 순서, 동선 등을 명확히 안내해야 합니다. "양측 대표님께서는 협약서에 서명해 주시겠습니다. 서명 후에는 협약서를 교환해 주시고, 이어서 악수를 나누겠습니다." 또는 "서명 후에는 협약서를 오른쪽으로 전달하면서 서명을 계속 이어가겠습니다." 등 구체적으로 안내하면 실수 없이 진행할 수 있습니다.

기념 촬영도 협약식의 중요한 순간입니다. 가끔 협약서를 펼치지 않고 사진 촬영을 하려고 하면 저는 항상 "오늘의 의미 있는 협약식의 순간을 기록으로 남기기 위해 협약서를 정면을 향해 펼쳐주십시오."라고 표현합니다. 더 나아가 촬영 전에 "양측 관계자 여러분들도 모두 단상으로 올라와 주십시오."라고 안내하여 실무자들도 성과를 함께 나눌 수 있도록 배려합니다. 그리고 촬영 시에는 "하나, 둘, 셋!"이라고 카운트다운을 해주는 것도 좋습니다.

협약식은 형식적인 행사로 보일 수 있지만, 실제로는 두 기관의 관계 시작을 알리는 중요한 순간입니다. MC는 이 순간을 의미 있고 기억에 남게 만드는 역할을 합니다.

| 업무 협약식에서 균형 있는 진행을 위한 핵심 포인트 |

균형 요소	실행 방법	주의 사항
소개 순서	알파벳 순, 설립 연도 순 등 중립적 기준 적용	사전에 양측과 소개 순서 협의
발언 시간	양측 대표 발언 시간 동일하게 배분	타이머 활용하여 시간 관리
위치 배치	서명석, 포토월 등 동등한 위치 배정	좌우, 앞뒤 배치 균형 유지
호칭 사용	양측 동일한 수준의 존칭 사용	직함 정확히 확인하고 통일
협약 내용 언급	양측 기여와 역할 균형 있게 소개	사전에 협약 내용 숙지
질의응답 관리	협약의 의미와 비전 강조 부족	협약의 실질적 의미와 기대효과 강조

기념식, 역사와 미래를 연결하는 진행

기념식은 특별한 의미가 있는 날이나 성과를 기념하고 그 의미를 되새기는 행사입니다. 창립기념일, 개원기념일, 역사적 사건 기념일 등 다양한 형태가 있으며 과거의 성과를 축하하고 미래의 비전을 공유하는 자리입니다. MC는 이 두 시간 축을 자연스럽게 연결하는 역할을 합니다.

기념식의 유형과 특성

기념식(창립기념식, 개원기념식 등)을 진행할 때는 역사적 맥락을 강조하는 것이 중요합니다. 저는 항상 사전에 기관의 역사와 주요 성과를 조사합니다. 예를 들어, "지난 2000년 세 명의 창립 멤버로 시작한 이 회사는 20년이 지난 지금, 300명의 직원과 연간 매출 500억 원을 달성하는 기업으로 성장했습니다."와 같이 구체적인 숫자와 함께 성장 스토리를 전달합니다.

기념식 진행 구조

기념식은 일반적으로 다음과 같은 구조로 진행됩니다.

- 개식 및 의미부여
- 주요 내빈 소개
- 경과보고 및 성과 소개
- 기념사 및 축사
- 기념 순서 (시상, 영상 상영 등)
- 비전 선포 및 결의
- 폐회 및 미래 지향적 마무리

기념식 MC 진행의 핵심 요소

| 기념식 진행의 핵심 요소 |

핵심 요소	의미	실행 방법
역사성	과거의 의미 있는 순간 조명	중요 역사적 사실과 스토리텔링 활용
정체성	조직·행사의 핵심 가치 강조	설립 이념, 핵심 가치, 사명 언급
성취감	이룬 성과에 대한 자긍심 고취	주요 성과와 극복한 도전 강조
감사	기여자에 대한 인정과 감사	주요 기여자 언급과 공로 치하
비전	미래에 대한 희망과 방향 제시	앞으로의 목표와 비전 명확히 전달
공동체 의식	함께 이룬 성과와 연대감 강조	'우리'의 서사 활용, 공동체 의식 고취

기념식 MC는 '기억(Memory)'과 '의미(Meaning)', 그리고 '동기부여(Motivation)'의 3M을 효과적으로 전달해야 합니다. 이를 위한 핵심 요소를 살펴보겠습니다.

부산대학교 미디어커뮤니케이션학과 '30주년' 기념식

부산대학교 미디어커뮤니케이션학과 30주년 기념식에서 MC를 맡았을 때, 제가 특별히 신경 쓴 부분은 '사람' 중심의 스토리텔링이었습니다. 단순히 "30년 동안 발전해왔습니다."라고 말하는 대신, "30년의 역사를 가진 미디어커뮤니케이션학과를 졸업 한 수천 명이 넘는 동문들이 대한민국의 미디어 분야를 이끌고 있습니다. 또한 1회 입학 및 졸업생부터 지금까지 함께해 온 네 분의 교수님들도 계속해서 교육 현장에서 우리 학생들에게 밝은 미래를 선물해주고 있습니다."라고 소개했습니다. 이렇게 구체적인 인물과 숫자를 활용하면 청중에게 더 생생하게 다가갑니다.

기념식에서 또 하나 중요한 것은 공로자에 대한 감사입니다. 장기근속자 표창이나 우수사원 시상 등이 포함된 경우가 많은데, 이때 MC는 수상자의 업적을 구체적으로 소개해야 합니다. "20년간 한결같은 열정으로……."같은 일반적인 표현보다는 "영업부에서 20년간 근무하며 지난해에만 100억 원의 실적을 올린……."처럼 구체적인 성과를 언급하는 것이 좋습니다.

개소식, 새로운 시작을 알리는 행사

　개소식은 새로운 공간이나 시설, 기관의 출발을 공식적으로 알리는 행사입니다. 개관식, 개원식, 개업식, 준공식 등 다양한 명칭으로 불리기도 하지만, 공통적으로 '새로운 시작'이라는 의미를 담고 있습니다. 개소식에서 MC는 새 출발의 설렘과 기대감을 효과적으로 전달하는 역할을 합니다. 다시 말해 개소식은 새로운 시작을 알리는 행사입니다. MC는 새 공간이나 시설의 특징과 의미를 강조해야 합니다.

부산광역시 주최 '동백상회' 개소식(좌)
부산광역시 기장군 주최 '철마도시농업공원' 개장식(우)

개소식 진행 구조

개소식은 일반적으로 다음과 같은 구조로 진행됩니다.

- 내빈 소개
- 경과보고 및 시설 소개
- 기념사 및 축사
- 테이프 커팅식 · 제막식 · 현판식 · 시삽식 등
- 시설 투어 안내
- 폐회 및 감사 인사

을숙도문화회관 개관식에서 저는 "이 공간은 단순한 건물이 아니라, 시민들의 문화적 갈증을 해소하고 창의적 영감을 제공할 부산의 새로운 랜드마크입니다."라고 소개했습니다. 그리고 "8,000평 규모, 4개 층의 전시장, 300석 규모의 공연장을 갖추고 있으며, 연간 50만 명의 시민이 이용할 것으로 예상됩니다."와 같이 구체적인 정보도 함께 전달했습니다.

경상남도 통영시 주최 '통영수소교통 복합기지' 준공식(좌)
부산광역시 해운대구 주최 '청사포항 어촌뉴딜사업 시설공사' 기공식(우)

테이프 커팅식 · 제막식 진행

개소식에서는 종종 테이프 커팅이나 현판 제막식 같은 세리모니가 포함됩니다. 개소식의 하이라이트라 할 수 있는 테이프 커팅식이나 제막식은 상징적 의미가 큰 순간으로, MC의 세심한 진행이 필요합니다. 이때 MC는 참여자들의 위치와 동선을 명확히 안내해야 합니다. "테이프 커팅에 참여하실 내빈 여러분께서는 단상 앞으로 나와 주시기 바랍니다. 중앙에 시장님, 왼쪽부터 의장님, 국장님······." 식으로 구체적으로 안내합니다.

| 테이프 커팅식 · 제막식 진행 체크리스트 |

단계	체크사항	진행 요령
사전 준비	참여자 명단 확인	명단과 서열에 맞게 위치 사전 기획
	장비·소품 준비 확인	가위, 테이프, 제막 장치 작동 점검
	동선 확인	이동 경로와 참가자 위치 확인
참여자 배치	위치 지정	서열과 역할에 맞게 적절한 위치 배정
	사진 고려	촬영 각도를 고려한 배치
진행 설명	의식 의미 설명	테이프 커팅·제막의 상징적 의미 설명
	절차 안내	진행 방식과 신호 명확히 안내
카운트다운	명확한 신호	큰 목소리로 또박또박 카운트다운
	타이밍 조절	참가자들이 준비된 것 확인 후 시작
의식 후	축하 멘트	의식 완료 후 축하와 박수 유도
	다음 일정 안내	투어나 리셉션 등 후속 일정 안내

개소식도 기념식과 마찬가지로 행사의 마무리에서는 미래 비전을 강조하는 것이 중요합니다. 부산대학교 '창업공간 AVEC' 개소식 행사를 진행할 때 "이 새로운 공간이 창업가들의 비상을 위한 초석이 되는 의미 있는 공간이 되길 바랍니다."와 같이 희망찬 메시지로 마무리했습니다. 해당 문구를 응용한다면 어떠한 공간이든 "이 새로운 공간이 시민 여러분의 일상에 풍요로움을 더하는 소중한 장소가 되길 바랍니다."와 같이 사용할 수 있겠죠.

역사와 미래를 연결하는 MC의 역할은 단순한 행사 진행을 넘어, 참석자들에게 소속감과 자부심, 그리고 기대감을 선사할 수 있습니다.

부산대학교 주최 '창업공간 AVEC' 개소식 및 공간투어

시상식, 수상자의 빛나는 순간을 더욱 빛나게

시상식은 특정 분야에서 탁월한 성과나 공로를 인정하고 축하하는 행사입니다. 이 행사에서 MC는 수상자의 영광스러운 순간을 더욱 빛내고, 그 성과의 가치를 모든 참석자와 공유하는 역할을 합니다. 즉 시상식은 누군가의 노력과 성취를 공식적으로 인정하고 축하하는 자리로 MC는 수상자의 순간을 더욱 특별하게 만드는 역할을 해야 합니다.

시상식 진행 구조

시상식은 일반적으로 다음과 같은 구조로 진행됩니다.

- 시상식 시작 및 의미 설명
- 시상자 소개
- 수상자 발표 및 시상
- 수상 소감 진행

- 다수의 상 시상 시 연결 멘트
- 시상식 마무리
- 폐회 및 감사 인사

상의 의미와 가치를 명확히 전달

시상식 진행의 핵심은 '수상자를 주인공으로 만드는 것'입니다. 그러기 위해서는 먼저 각 상의 의미와 가치를 명확히 전달해야 합니다. "다음은 최우수상 시상이 있겠습니다."라고 단순히 말하기보다는 "다음은 한 해 동안 가장 혁신적인 아이디어로 회사의 성장에 기여한 직원에게 수여하는 최우수상 시상이 있겠습니다."라고 설명하는 것이 더 의미가 있겠죠.

| 수상자를 빛내는 MC 진행 기법 |

기법	설명	실행방법
성과 맥락화	수상 업적의 맥락과 의미부여	업계 상황이나 사회적 맥락 속에서 업적의 가치 설명
감정선 구축	수상 과정의 스토리와 감동 전달	도전과 극복의 과정 등 스토리텔링 활용
적절한 긴장감 조성	발표 순간의 기대감 높이기	발표 직전 짧은 멈춤과 어조 변화로 긴장감 조성

이름 발음 강조	수상자 이름을 또렷하고 자신 있게	특히 어려운 이름은 사전에 발음 연습 필수
진심 어린 축하	형식적이 아닌 진정성 있는 축하	소감 시간 충분히 제공, 동선 안내 세심히
수상자 존중	수상자의 소감과 움직임 배려	테이프 커팅·제막의 상징적 의미 설명

이름과 소속을 오독 없이 정확히 발음

수상자 호명 시에는 이름과 소속을 정확히 발음하는 것이 중요합니다. 저는 항상 사전에 수상자 명단을 받아 어려운 이름이 있는지 확인하고, 발음을 연습합니다. 저는 10년이 넘게 부산벤처기업협회 '벤처인의 날' 시상식을 진행하고 있는데요, 딱 한번 기업명을 오독한 적이 있습니다. '아이티원'이라는 기업이었는데 원고의 글자가 작아서 '아이티웬'으로 보였기 때문입니다.

특히 한국어의 복모음 발음은 글자 크기가 작으면 모음이 겹쳐 보여 오독 할 확률이 높습니다. '칵테일 효과'라고 하죠. 이는 아무리 시끄러운 장소에 있어도 자신의 이름은 잘 들리는 효과를 말합니다. 아니나 다를까 '아이티원'의 대표님은 행사가 모두 마무리 된 후 아나운서인 저에게 와서 기업명이 틀렸다며, 다음에는 오독 없이 잘 소개 부탁한다며 정중히 언급했습니다. 저도 죄송하다고 정식으로 사과를 드리며, 다음에는 정확하게 잘 소개하겠다고 웃으며 말씀드렸습니다. 이렇듯 수상자가 자신의 이름이 정확히 불릴 때 느끼는 존중감은 매우 큽니다.

수상자의 업적 소개

시상식의 또 다른 중요한 요소는 수상자의 업적을 적절히 소개하는 것입니다. 대규모 시상식에서는 모든 수상자의 업적을 자세히 소개하기 어려울 수 있지만, 최소한 주요 상에 대해서는 구체적인 성과를 언급하는 것이 좋습니다. "[이름][직함]님은 신규 시장 개척을 통해 회사 매출을 30% 향상시켰으며, 특히 해외 시장에서 획기적인 성과를 이루어냈습니다."와 같이 실질적인 업적을 강조합니다.

시상식의 동선 안내

시상 과정에서의 동선 안내도 MC의 중요한 역할입니다. "수상자 [이름][직함]님은 무대 오른쪽 계단으로 올라와 주시고, 시상자 OOO 회장님과 악수를 나눈 후, 상장과 트로피를 받고 기념 촬영을 하겠습니다." 이렇게 구체적으로 안내하면 수상자가 덜 긴장하고 자연스럽게 행동할 수 있습니다. 물론 이러한 안내는 행동하기 전에 0.5초 먼저 멘트로 전달해야 유연하고 빠르게 행사가 진행될 수 있습니다.

특히 대규모 시상식에서는 수상자들이 무대에 언제 대기해야 하는지 사전에 안내하는 것이 중요합니다. 저는 보통 "다음 상의 수상자 분들은 무대 왼쪽에 마련된 대기석으로 이동해 주시기 바랍니다."라고 미리 안내합니다. 그리고 수상자가 사진 촬영을 하고 있을 때 다음 훈격의 수상자에게 "이어서 수상할 ○○○대표님과 ○○○대표님은 단상 아래에서 대기해 주십시오."라고 사전 안내하여 진행을 원활하게 합니다. 이렇게 하면 수상자 본인이 할 일을 알고 있기 때문에 빠르게 이동하여 전체적인 행사 시간을 줄일 수 있습니다.

수상자에게 소감 권유

시상식에서 MC는 경우에 따라 수상자에게 간단한 소감을 말할 기회를 제공하기도 합니다. 이때는 "[이름][직함]님, 수상 소감 한 말씀 부탁드립니다. 마이크는 단상 중앙에 준비되어 있습니다."라고 안내하고, 소감이 너무 길어질 경우 자연스럽게 "감사합니다, [이름][직함]님. 다시 한 번 축하드립니다."라고 정리합니다.

수상자에게는 축하를 참석자에게는 격려를

　시상식의 마무리에서는 모든 수상자에게 다시 한 번 축하의 메시지를 전하고, 참석자 전체에게도 격려의 말을 전하는 것이 좋습니다. "오늘 수상하신 모든 분들께 다시 한 번 축하의 박수를 부탁드립니다. 그리고 오늘 수상하지 못하신 분들도 각자의 자리에서 최선을 다하고 계심을 잘 알고 있습니다. 내년에는 더 많은 분들이 이 자리에서 영광의 순간을 맞이하시길 바랍니다." 라고요.

| 시상식 진행 주의사항 및 대처법 |

상황	주의사항	대처법
수상자 불참	불참 이유와 대리 수상 여부 확인	"안타깝게도 [수상자]님께서는 [이유]로 참석하지 못하셨습니다. [대리인]께서 대신 수상하시겠습니다."
이름 발음 오류	수상자 이름 정확히 발음	사전에 어려운 이름 발음 확인, 오류 시 정중히 사과 후 정정
수상 소감 장시간	시간 관리와 부드러운 마무리	비언어적 신호로 먼저 알린 후, 필요시 "소중한 말씀 감사합니다. 시간 관계상……."
감정적 순간	수상자 감정 존중	잠시 시간 여유 제공, "감동적인 순간입니다. 잠시 숨을 고르실 시간을 드리겠습니다."
시상품 문제	상장·부상 오류나 분실	침착하게 상황 설명하고 대안 제시, "잠시 후 별도로 전달 드리겠습니다."
프로토콜 혼란	시상자·수상자 동선 혼선	명확한 안내와 자연스러운 유도, "[시상자]님께서는 이쪽으로, [수상자]님께서는……."

시상식 MC의 최고의 보람은 수상자의 기쁨 가득한 표정을 볼 때입니다. 그 순간을 더욱 특별하고 기억에 남게 만드는 것이 MC의 역할이겠죠. 시상식 MC는 수상자에게 스포트라이트를 비추는 조명 기사와 같습니다. 잊지 마세요. 자신은 드러내지 않으면서도 수상자가 가장 빛나는 순간을 만들어 주는 것이 핵심입니다.

중소벤처기업부 주최 '웰컴투팁스' 시상식(좌)
부산벤처통합지회 주최 '중소기업인' 시상식(우)

토크쇼, 효과적인 대화를 이끄는 진행의 기술

단디벤처포럼 주최
'흑백요리사 조광효 셰프'와의 토크쇼

토크쇼나 대담 형식의 행사는 일방적인 발표가 아닌 대화를 통해 정보와 인사이트를 공유하는 형태입니다. MC는 단순한 진행자를 넘어 대화의 촉진자(facilitator)로서 게스트의 이야기를 효과적으로 이끌어내고 청중과 연결하는 역할을 합니다. MC가 패널 토론이나 토크쇼를 진행할 때는 단순한 사회자가 아니라 대화의 안내자가 되어야 합니다. 저는 토크쇼 진행을 가장 좋아하는데 몇 가지 노하우를 정리해봅니다.

토크쇼와 대담 진행 구조

효과적인 토크쇼 진행을 위한 기본구조를 알아보겠습니다.

- 오프닝 및 주제 소개
- 게스트 소개
- 워밍업 대화 및 라포 형성
- 본 주제 탐구(질문과 경청)
- 청중 참여 유도
- 마무리 및 핵심 메시지 정리

효과적인 질문의 기술

토크쇼와 대담 진행의 핵심은 적절한 질문을 통해 게스트의 깊이 있는 생각과 경험을 이끌어내는 것입니다.

- **닫힌 질문**(예·아니요로 답할 수 있는)**보다 열린 질문을 활용하세요.**
  "이 프로젝트를 시작한 이유가 무엇인가요?"가 "이 프로젝트를 좋아하시나요?"보다 훨씬 좋은 질문이에요.

- **후속 질문의 힘을 잊지 마세요.**

"그래서 그때 어떤 느낌이셨어요?"나 "좀 더 자세히 설명해주실 수 있을까요?"와 같은 질문으로 대화를 더 깊게 이끌 수 있어요.

- **연결 질문을 준비해두세요.**

"앞서 말씀하신 도전과정에서 가장 큰 장애물은 무엇이었나요?" 처럼 이전 답변에서 자연스럽게 이어지는 질문이요.

- **개인적인 통찰을 이끌어내는 질문을 해보세요.**

"그 경험이 지금의 당신을 어떻게 변화시켰나요?"와 같은 질문은 깊이 있는 대화로 이어져요.

| 효과적인 질문 유형과 활용법 |

질문 유형	특징	활용 시점	예시
개방형 질문	폭넓은 대답 유도, '왜', '어떻게' 활용	대화 시작, 새 주제 도입	"이 분야에 관심을 갖게 된 계기가 무엇인가요?"
심화 질문	특정 부분 더 깊이 탐구	흥미로운 답변 후	"방금 언급하신 [개념]에 대해 좀 더 자세히 설명해주실 수 있을까요?"
경험 질문	구체적인 사례와 경험 청취	이론적 논의 후 현실 연결 시	"그런 상황에 직접 부딪혔을 때 어떻게 대처하셨나요?"
비교 질문	대조를 통한 차이점 탐구	다양한 관점 필요 시	"과거와 현재, 이 문제에서 가장 크게 달라진 점은 무엇일까요?"

가설 질문	상상과 창의적 사고 유도	새로운 관점 필요 시	"만약 [조건]이 바뀐다면, 어떤 결과가 예상되시나요?"
정리·요약 질문	핵심 메시지 추출	복잡한 설명 후, 마무리 시	"지금까지 말씀하신 내용의 핵심을 한 문장으로 요약한다면?"

적극적 경청의 기술

· **진짜로 듣는 게 중요해요.**
다음 질문만 생각하지 말고, 지금 하는 말에 집중하세요.

· **작은 리액션을 보여주세요.**
고개 끄덕임, "음", "네" 같은 반응이 대화를 더 편안하게 만듭니다.

· **중요한 포인트를 메모하세요.**
나중에 "앞서 OO에 대해 말씀하셨는데……."처럼 이야기를 이어갈 수 있습니다.

· **비언어적 신호도 읽어보세요.**
게스트가 불편해하거나 더 말하고 싶어 하는 주제를 알 수 있답니다.

　각 게스트의 성향과 특성에 맞는 진행 방식을 택하는 것도 중요한데요, 게스트 특성별 진행전략을 정리해봅니다.

제4장 행사 유형별 MC 진행 노하우

| 게스트 특성별 진행 전략 |

게스트 유형	특징	진행 전략	주의사항
과묵한 게스트	짧게 답변, 수동적 참여	구체적 질문, 충분한 대답 시간, 긍정적 피드백	답변 강요 자제, 답변에 가치 부여
활발한 게스트	길고 자세한 답변, 주제 이탈	명확한 가이드, 시간 신호, 핵심으로 유도	공격적으로 끊지 않기, 핵심 요약 도움
전문가형 게스트	전문 용어 사용, 깊은 지식	용어 설명 요청, 청중을 위한 해석 유도	지식 과시 자제, 청중 이해도 고려
감성적 게스트	감정 표현, 개인 경험 중심	공감 표현, 감정 존중, 균형 유지	지나친 감정 자극 질문 자제
논쟁적 게스트	대립 의견, 도전적 자세	객관성 유지, 다른 관점 소개, 부드러운 중재	직접적 대립 피하기, 상호 존중 강조
유명인 · VIP	정형화된 답변, 민감성	신선한 질문, 안전한 공간 제공	사생활 존중, 과도한 친밀감 자제

대화의 흐름 조절하기

· **적절한 페이스를 유지하세요.**

너무 빠르면 깊이가 없고, 너무 느리면 지루해요. 그리고 마지막은 정말 아쉽게 마무리한다는 느낌이 들도록 연출해보세요.

- 가볍게 시작해서 점점 깊은 주제로 들어가는 게 좋아요.

  처음부터 너무 무거운 질문은 피하세요.

- 유머를 적절히 사용해보세요.

  저는 긴장된 분위기를 풀기 위해 가끔 자기 자신에 대한 가벼운 농담을 해요.

- 때로는 침묵도 효과적입니다.

  너무 서두르지 마세요. 중요한 답변 후에 잠시 여운을 주면 의미가 더 깊어질 수 있답니다.

다수의 게스트 관리하기

- 모든 게스트가 골고루 발언할 수 있도록 하세요.

  "이번엔 김 교수님의 의견을 들어볼까요?"

- 게스트 간의 상호작용을 유도해보세요.

  "박 대표님, 방금 이 교수님의 의견에 대해 어떻게 생각하세요?"

- 간혹 논쟁이 과열될 때는 방향을 전환하세요.

  "두 분 다 흥미로운 관점을 가지고 계시네요. 이번엔 다른 측면에서

볼까요?"처럼 부드럽게 방향을 전환 해보세요.

· 각 게스트의 강점과 전문 분야를 미리 파악해두세요.
"이 부분은 최 박사님이 연구하신 분야인데, 어떻게 보시나요?"
등이 있습니다.

| 토크쇼 진행 시 자주 발생하는 상황과 대처법 |

상황	대처법	예시 멘트
한 게스트의 대화 독점	자연스럽게 다른 게스트에게 연결	"흥미로운 관점 감사합니다. 이 주제에 대해 [다른 게스트 이름]님의 생각도 들어볼까요?"
주제 이탈	핵심을 요약하고 원래 주제로 복귀	"핵심은 바로 [공통 주제]이죠. 다시 본론으로 돌아와 계속해서 이야기를 이어가보면······"
민감한 주제 등장	균형 있는 접근, 필요시 전환	"다양한 관점이 있는 주제인 것 같습니다. 여러 시각을 존중하며, 이제 [다음 주제]로 넘어가 보겠습니다."
게스트 간 긴장·갈등	공통점 강조, 객관적 중재	"두 분 모두 [공통점] 면에서는 의견이 일치하시는 것 같습니다. 다른 측면에서 바라보면······."
예상치 못한 질문·답변	유연하게 받아들이고 흐름유지	"예상치 못한 흥미로운 관점이네요. 이 부분을 좀 더 탐구해볼까요?"
청중 질문 난해·부적절	재해석하거나 정중히 전환	"질문의 요지는 [재해석]으로 이해했는데요, 이에 대해 어떻게 생각하시나요?"
기술적 문제 발생	여유 있게 대처, 상황 설명	"잠시 기술적인 문제가 있는 것 같습니다. 해결되는 동안 앞서 나눈 대화에 대한 생각을 정리해볼까요?"

MC, 행사의 DNA를 읽는 안내자

다양한 행사 유형에 맞는 MC 진행 노하우를 살펴보았습니다. 각 행사는 고유한 목적과 특성, 그리고 분위기를 가지고 있으며, 이는 마치 그 행사만의 DNA와 같다고 생각합니다. 훌륭한 MC는 각 행사의 DNA를 정확히 읽고 그에 맞는 진행으로 행사의 가치를 극대화합니다.

공식 의전 행사에서는 격식과 정확성을, 협약식에서는 균형과 조화를, 기념식에서는 역사와 미래의 연결을, 개소식에서는 새로운 시작의 설렘을, 시상식에서는 수상자의 영광을, 토크쇼에서는 깊이 있는 대화를 이끌어내는 것이 핵심입니다.

MC는 단순한 진행자가 아닌 행사의 가치를 높이는 중요한 역할을 담당합니다. 행사의 특성에 맞는 적절한 언어와 표현, 진행 방식을 선택하고, 돌발 상황에 유연하게 대처하는 능력이 전문 MC의 핵심 역량인거죠.

제가 알려드린 다양한 행사 유형별 진행 노하우를 바탕으로, 여러분은 어떤 행사에서도 상황에 맞는 진행으로 참석자들에게 깊은 인상을 남기는 MC가 될 수 있을 것입니다.

제5장

공식과 사례로 살펴본
장르별 진행 방법

공식 의전 행사의 품격 있는 진행

행사는 단순한 순서의 나열이 아닌 목적과 의미를 담아내는 살아있는 유기체입니다. 각 장르별 행사는 마치 고유한 DNA를 가진 생명체처럼 독특한 특성과 목적, 그리고 진행 방식을 가지고 있습니다. 뛰어난 MC는 이러한 장르별 특성을 정확히 이해하고, 각 행사의 고유한 가치를 최대한 끌어올리는 맞춤형 진행 능력을 갖춰야 합니다.

이번 장에서는 다양한 행사 장르별로 성공적인 진행 사례와 실패 사례를 분석하고, MC가 현장에서 바로 활용할 수 있는 실전 공식과 스크립트를 소개합니다. 각 장르의 특성을 이해하고 그에 맞는 진행 노하우를 습득함으로써, 어떤 행사에서도 전문성과 자신감을 발휘할 수 있는 MC가 되기 위한 길을 안내하겠습니다. 장르를 이해하는 MC는 행사의 본질을 이해하고, 본질을 이해하는 MC는 행사의 가치를 높인다는 점을 잊지 마세요.

먼저 공식 의전 행사는 정부부처, 공공기관, 기업 등에서 주최

하는 격식을 갖춘 행사로 MC의 정확하고 품위 있는 진행이 요구됩니다. 이는 정부, 기업, 단체의 공식적인 의사 표현과 활동을 대내외에 알리는 장입니다. 격식과 의전을 중시하며, 정확성과 안정감이 핵심 가치인 공식 의전 행사에서 MC는 행사의 품격을 높이고 메시지를 효과적으로 전달하는 역할을 합니다. 행사의 공식적 성격을 유지하면서도 지루함 없이 참석자들에게 행사의 의미를 효과적으로 전달하는 것이 핵심입니다.

공식 의전 행사 진행의 황금 공식, '3P 원칙'의 실행 방법

공식 의전 행사는 '3P 원칙'(Protocol, Precision, Poise)을 따라 진행하는 것이 효과적입니다.

Protocol (의전) : 모든 국가적, 기관적 의전 규범 준수
- 국기, 국가, 의장대 등 상징물 취급 규정 숙지
- 내빈 소개와 인사 시 정확한 서열 확인
- 공식 직함과 호칭의 올바른 사용

Precision (정확성) : 모든 정보와 진행의 정확성 추구
- 인명, 직함, 소속의 정확한 발음
- 시간 엄수와 프로그램의 정확한 진행
- 통계, 성과 등 수치 정보의 정확한 전달

> **P**oise (품위) : 행사 전체의 품격과 안정감 유지
>
> · 안정적이고 신뢰감 있는 어조 유지
> · 적절한 속도와 리듬감 있는 진행
> · 돌발 상황에도 침착하고 품위 있는 대응

[사례]

보건복지부 주최 지역사회공헌인정제 수여식

보건복지부 및 한국사회복지협의회 주최 '지역사회공헌인정제' 수여식은 전형적인 공식 의전 행사였습니다. 장·차관님을 비롯한 고위 공무원들과 수상자들이 참석한 이 행사에서 가장 중요했던 것은 의전 순서와 각 내빈에 대한 정확한 호칭, 그리고 수상자들의 공적 소개였습니다.

보건복지부 주최 '지역사회공헌인정제'
수여식 유튜브 랜선 방송

시상식을 앞두고 갑자기 장관님의 일정이 조정되어 행사 시간을 단축해야 하는 상황이 발생했습니다. 저는 즉시 행사 담당자와 협의하여 각 수상자별 이동 시간을 줄이고, 공적 소개는 핵심만 간결하게 하되 누락되는 내용이 없도록 조정했습니다. 또한 기념 촬영도 개인별이 아닌 그룹별로 진행하는 방식으로 변경했습니다.

시상식 진행 중에는 "다음은 국내 복지 인프라 발전에 30년간 헌신해 오신 [직책][이름]님의 수상입니다. 특히 지방 소외 지역의 복지 사각지대 개선과 인적 접근성 향상에 크게 기여했습니다."와 같이 각 수상자의 공로를 간결하면서도 구체적으로 언급했습니다. 이를 통해 제한된 시간 내에서도 수상자 한 분 한 분에 대한 존중을 표현할 수 있었습니다.

[법칙] 공식 의전 행사 진행의 5가지 원칙

- **정확성:** 모든 내빈의 직함과 이름을 정확히 발음하고, 의전 순서를 철저히 준수합니다.
- **균형:** 지나친 격식으로 딱딱해지거나 반대로 너무 가볍게 진행되지 않도록 균형을 유지합니다.
- **간결성:** 불필요한 말을 줄이고 핵심 정보만 명확하게 전달합니다.
- **유연성:** 예상치 못한 상황에 침착하게 대응하며 행사의 흐름을 유지합니다.
- **품격:** 언어 선택과 태도에서 행사의 격에 맞는 품위를 유지합니다.

[적용] 공식 의전 행사 진행을 위한 실천 전략

공식 의전 행사를 진행할 때는 먼저 행사의 성격과 목적을 정확히 파악해야 합니다. 저는 항상 행사 전 주최 측과 최소 1~2회 이상의 사전 미팅을 통해 행사의 목적, 참석자 구성, 주최 측의 기대사항 등을 상세히 확인합니다.

특히 의전 순서는 철저히 준비해야 합니다. 내빈 소개 순서, 직함, 이름 발음 등을 반복해서 연습하고, 필요한 경우 해당 기관의 의전 담당자에게 확인을 요청합니다. 해당 행사에서는 장관님 소개 전 "○○○정책의 수장이시며……."라는 표현을 사용할지, 아니면 직함만 간결하게 언급할지 등의 세부 사항까지 사전에 협의합니다.

행사 당일에는 예정된 시간보다 최소 90분~120분 전에 도착해 무대 환경, 마이크 상태, 조명 등을 점검하고, 내빈 좌석 배치와 동선을 최종 확인합니다. 또한 행사 담당자, 의전 담당자, 기술 담당자와의 소통 방식(인이어, 수신호 등)도 사전에 정해둡니다.

[활용] 다양한 공식 의전 행사에서의 응용법

공식 행사의 유형에 따라 진행 방식에 약간의 변화를 주는 것이 효과적입니다.

산업통상자원부 주최
'스마트수리조선 지원센터' 개소식

시상식에서는 수상자의 공적을 강조하고 존중하는 어조와 표현이 중요합니다. "○○○님은 단순한 업무 수행을 넘어 진정한 혁신을 이루어냈습니다."와 같이 공적의 가치를 부각시키는 표현을 사용합니다.

개소식 및 개관식에서는 새 시설의 의미와 기대효과를 강조합니다.

산업통상자원부 및 국토교통부 주최 '스마트수리조선 지원센터' 개소식에서는 "이 센터는 단순한 건물이 아닌, 우리지역 해양산업의 새로운 도약을 이끌 혁신의 심장입니다."라고 표현했습니다.

협약식에서는 양측의 동등한 입장을 존중하고, 협약의 시너지 효과를 강조합니다. "오늘의 협약은 두 기관의 전문성이 만나 새로운 가치를 창출하는 출발점이 될 것입니다."와 같은 표현이 적절합니다.

[정리] 공식 의전 행사 MC의 핵심 요소

- **철저한 사전 준비**: 직함, 이름, 의전 순서 등을 반복 연습합니다.
- **정확한 언어 사용**: 격식에 맞는 표현과 호칭을 사용합니다.
- **상황 대응력**: 예상치 못한 변화에도 침착하게 대처합니다.
- **적절한 존중 표현**: 내빈과 참석자들에 대한 존중을 언어로 표현합니다.
- **행사의 의미 전달**: 형식적 진행을 넘어 행사의 의미와 가치를 효과적으로 전달합니다.

공식 의전 행사의 MC는 행사의 얼굴이자 품격을 대표하는 역할입니다. 해당 행사의 MC는 산문을 읽는 것이 아니라 역사를 낭독하는 것입니다. 모든 단어와 모든 문장이 공식 기록으로 남는다는 인식이 필요합니다. 격식을 지키되 딱딱하지 않게, 정확하되 지루하지 않게 진행할 때 행사의 가치가 더욱 빛나게 됩니다.

소통과 공감의 토크쇼와 패널 토론 진행

토크쇼와 패널 토론은 다양한 의견이 오가는 쌍방향 소통의 장입니다. 토크쇼와 패널 토론은 정보의 일방적 전달이 아닌 다양한 의견과 관점의 교류를 통해 통찰과 공감을 이끌어내는 형식입니다. MC는 단순한 진행자를 넘어 대화의 촉진자, 논점의 정리자, 때로는 중재자 역할을 해야 합니다. 참가들 간의 소통을 이끌고 청중과의 연결을 만드는 역할을 하며 이 모든 역할을 균형 있게 수행하며 유익하고 흥미로운 대화의 장을 만드는 것이 토크쇼 MC의 핵심 역량입니다.

토크쇼와 패널 토론의 성공 공식, '3C 원칙'의 실행 방법

토크쇼와 패널 토론의 성공적인 진행을 위해서는 '3C 원칙' (Curiosity, Connection, Control)을 적용하는 것이 효과적입니다.

Curiosity (호기심): 진정한 호기심으로 대화 이끌기

- 사전 리서치를 바탕으로 한 깊이 있는 질문 준비
- 게스트·패널의 답변에 대한 적절한 후속 질문
- '왜'와 '어떻게'를 활용한 개방형 질문으로 이야기 확장

Connection (연결) : 사람과 주제를 연결하기

- 게스트·패널 간의 공통점 발견과 연결
- 개인적 이야기와 큰 주제 사이의 연결 만들기
- 청중과 게스트·패널 간의 정서적 연결 촉진

Control (조절) : 흐름과 분위기 조절하기

- 시간과 발언 기회의 균형 있는 분배
- 토론의 방향이 주제에서 벗어나지 않도록 유지
- 긴장감과 편안함, 진지함과 유머의 적절한 조절

[사례]

중소벤처기업부 주최 전국순회 '청.바.지' 토크콘서트

중소벤처기업부 주최 '청년은 바로 지금 '청.바.지' 토크콘서트는 주무부처의 실장과 청년 창업가들이 정책과 현장의 목소리를 나누는 전국 순회 소통의 장이었습니다. 이 행사에서는 특히 다양한 배경의 패널들 간의 균형 있는 토론 진행이 중요했습니다.

토크쇼를 준비하면서 가장 먼저 한 일은 각 패널의 배경, 관심사, 전문 분야를 상세히 파악하는 것이었습니다. 정부 측 인사, 성공한 스타트업 대표, 초기 단계 창업가, 투자자, 그리고 창업 실패 경험이 있는 연사까지 다양한 시각을 가진 패널들이 참여했습니다.

토크쇼 중 가장 어려웠던 순간은 청년 창업가가 정부 지원 정책의 현실적 한계를 직접적으로 지적했을 때였습니다. 이때 저는 "현장의 솔직한 목소리를 들을 수 있는 소중한 기회네요. 이런 점이 바로 오늘 이 자리가 마련된 이유입니다. 실장님, 이러한 현장의 어려움에 대해 어떻게 생각하시나요?"라고 연결하며 대립이 아닌 건설적인 대화로 이어지도록 했습니다.

또한 창업 실패 경험이 있는 연사의 이야기를 들을 때는 "실패를 두려워하지 않는 도전 정신이 바로 창업 생태계의 건강한 토양이 되지 않을까요?"라는 질문으로 실패의 가치를 재조명하는 기회를 만들었습니다. 이런 접근으로 부정적인 경험도 건설적인 교훈으로 전환할 수 있었습니다.

중소벤처기업부 주최 전국순회 '청.바.지.' 토크콘서트

[법칙] 토크쇼 진행의 5가지 원칙

· **균형:** 모든 패널에게 균등한 발언 기회를 제공하고, 다양한 관점이 고르게 표현되도록 합니다.

- **경청:** 다음 질문을 생각하느라 현재의 답변에 집중하지 못하는 실수를 피하고, 진정으로 듣는 자세를 유지합니다.
- **연결:** 개별 발언들을 유기적으로 연결하여 대화의 흐름을 만들어냅니다.
- **안전:** 모든 패널이 자신의 의견을 편안하게 표현할 수 있는 안전한 환경을 조성합니다.
- **통찰:** 표면적인 대화를 넘어 더 깊은 통찰과 의미를 이끌어내는 질문을 던집니다.

[적용] 토크쇼 진행을 위한 실천 전략

토크쇼를 준비할 때는 먼저 주제에 대한 깊이 있는 이해가 필요합니다. 저는 항상 관련 자료를 충분히 읽고, 가능하다면 패널들과 사전 미팅을 통해 그들의 관점과 이야기를 미리 파악합니다. 청년 창업 토크콘서트 전에는 각 창업가들의 비즈니스 모델과 성장 과정을 연구했고, 정부 정책 자료도 꼼꼼히 검토했습니다.

효과적인 질문 준비도 중요합니다. 저는 기본 질문, 후속 질문, 그리고 예상치 못한 답변에 대응할 수 있는 대체 질문까지 다양한 층위의 질문을 준비합니다. 특히 "그래서 어떤 결과가 나왔나요?"나 "그 경험이 어떤 교훈을 주었나요?"와 같은 구체적이고 심층적인 후속 질문이 대화의 깊이를 더합니다.

토크쇼 진행 중에는 패널 간 균형을 유지하는 것이 중요합니다. 저는 발언 시간을 체크하고, 상대적으로 발언 기회가 적었던 패널에게 "○○○님, 이 주제에 대한 견해가 궁금합니다."와 같이 직접 질문을 던져 참여를 유도합니다. 또한 한 패널의 의견에 대해 다른 패널의 반응을 물어보는 방식으로 다양한 상호작용을 촉진합니다.

[활용] 다양한 토크쇼 형식에서의 응용법

토크쇼의 유형에 따라 진행 방식을 조정하는 것이 효과적입니다.

정책 토크쇼에서는 추상적인 정책 내용을 구체적인 사례나 영향으로 연결하는 것이 중요합니다. "이 정책이 실제 현장에서는 어떻게 적용되고 있나요?" 같은 질문으로 정책의 실제적 의미를 끌어냅니다.

전문가 패널 토론에서는 전문 용어나 개념을 청중이 이해할 수 있도록 풀어서 설명하는 역할이 중요합니다. "방금 말씀하신 '디지털 트랜스포메이션'이 일상에서는 어떤 변화를 의미하는지 설명해주시겠어요?"와 같이 전문 내용의 실질적 의미를 묻는 것이 도움이 됩니다.

인터뷰 형식의 토크쇼에서는 게스트의 편안함이 중요합니다. 부드러운 시작으로 게스트의 긴장을 풀어주고, 점차 더 깊은 이야기로 들어가는 전략이 효과적입니다. "오늘 오시기 전에 어떤 생각을 하셨나요?"와 같은 가벼운 질문으로 시작해 점차 본질적인 주제로 이동합니다.

[정리] 토크쇼 MC의 핵심 요소

- **철저한 사전 준비:** 주제와 패널에 대한 깊이 있는 이해가 필요합니다.
- **경청과 반응:** 답변의 내용을 진정으로 듣고 적절히 반응합니다.
- **대화의 흐름 관리:** 개별 발언을 의미 있게 연결하여 대화의 흐름을 만듭니다.
- **적절한 개입과 중재:** 필요할 때 적절히 개입하고 중재하는 감각이 중요합니다.
- **포용적 진행:** 다양한 의견을 존중하고 포용하는 자세를 유지합니다.

토크쇼와 패널 토론의 MC는 오케스트라의 지휘자입니다. 각 연주자의 개성과 전문성을 존중하면서도, 전체가 조화롭게 하나의 음악을 만들어내도록 이끌어야 합니다. 그래서 토크쇼 MC는 대화의 촉진자이자 교량 역할을 한다는 것입니다. 다양한 관점들이 풍성하게 교류되면서도 대화의 핵심 메시지가 청중에게 효과적으로 전달될 때, 성공적인 토크쇼가 완성됩니다.

부산광역시 주최 '부산대표 기술창업기업 혁신창업' 토크콘서트

수상자의 영광을 빛내는 시상식 진행

시상식은 개인이나 단체의 성취와 공헌을 공식적으로 인정하고 축하하는 행사입니다. 수상자의 노력과 성취를 공식적으로 인정하고 축하하는 특별한 자리로 의미가 있습니다. 수상자에게는 인생의 중요한 순간이자 영광의 시간이며, MC는 이 특별한 순간을 더욱 빛내고 그 의미를 모든 참석자와 공유하는 중요한 역할을 합니다. 각 수상자의 순간을 더욱 의미 있고 기억에 남도록 만들어 주어야 합니다. 형식적인 진행을 넘어 수상의 가치와 의미를 효과적으로 전달하는 것이 시상식 MC의 핵심 과제입니다.

시상식 진행의 황금 공식, 'AWARD 원칙'의 실행방법

성공적인 시상식 진행을 위해서는 'AWARD 원칙'을 적용하는 것이 효과적입니다.

Acknowledge (인정) : 수상의 의미와 가치 인정하기

· 상의 역사와 권위 언급
· 선정 기준과 과정의 엄격성 강조
· 수상의 사회적, 업계 내 의미부여

Wow (감동) : 감동적인 순간 만들기

· 수상자의 여정과 극복 스토리 활용
· 적절한 배경 음악과 조명 활용 유도
· 감정 선을 고려한 목소리 톤과 속도 조절

Articulate (명확) : 수상 이유 명확히 전달하기

· 구체적인 업적과 공로 명확히 언급
· 수치와 사례로 성과 객관화
· 수상의 차별점과 특별함 강조

Respect (존중) : 수상자 존중하기

· 정확한 이름과 직함 사용
· 수상자의 시간과 공간 배려
· 진정성 있는 축하와 경의 표현

Delight (기쁨) : 축하와 기쁨의 분위기 조성하기

· 적절한 박수 유도와 환호 장려
· 축하의 진정성 표현
· 함께 기뻐하는 공동체 의식 강조

[사례]
부산지방중소벤처기업청 주최 '비즈쿨 청소년 창업경진대회'

'비즈쿨 청소년 창업경진대회' 시상식은 청소년 창업가들의 혁신적인 아이디어를 격려하고 시상하는 자리였습니다. 총 10개 팀이 수상했으며, 부산광역시장상, 부산광역시교육감상, 부산지방중소벤처기업청장상 등 다양한 상이 수여되었습니다.

이 시상식을 준비하면서 가장 신경 썼던 부분은 각 팀의 창업 아이템과 특징을 정확히 파악하는 것이었습니다. 저는 행사 1주일 전에 모든 수상

부산지방중소벤처기업청 주최 '비즈쿨 청소년 창업경진대회' 랜선 발표대회 및 시상식

팀의 사업계획서를 받아 검토하고, 각 팀만의 독특한 강점과 창의적 요소를 메모했습니다.

시상식 당일, 저는 각 수상 팀을 소개할 때 단순한 팀명과 아이템 명을 넘어 그들의 아이디어가 가진 사회적 가치와 혁신성을 강조했습니다. 예를 들어, "다음은 대상 수상 팀 '에코버블'입니다. 이들은 일회용 플라스틱 없이 완전히 분해되는 친환경 세제 캡슐을 개발했습니다. 18세의 나이에 환경 문제 해결에 도전한 이들의 혁신적 사고가 미래 창업 생태계에 새로운 영감을 불어 넣었습니다."와 같이 구체적이고 감동적인 소개를 했습니다.

특히 중요했던 것은 청소년 수상자들의 긴장감을 풀어주는 것이었습니다. 수상자들이 무대에 오를 때 "떨리시죠? 괜찮습니다. 이 순간을 마음껏 즐기세요. 여러분의 창의적인 아이디어가 이미 많은 사람들에게 감동을 주었습니다."라고 말하며 편안한 분위기를 만들었습니다.

또한 시상자와 수상자 간의 자연스러운 교류를 위해 간단한 대화를 유도했습니다. "시상하시는 부산지방중소벤처기업청장님께서 특별히 이 팀의 친환경 비즈니스 모델에 깊은 인상을 받으셨다고 합니다. 한 말씀 부탁드립니다."와 같이 시상자와 수상자 간의 의미 있는 소통 기회를 만들었습니다.

[법칙] 시상식 진행의 5가지 원칙

- **존중:** 모든 수상자의 성취와 노력을 진심으로 존중하고 인정합니다.
- **정확성:** 수상자 이름, 공적 내용, 상의 명칭 등을 정확히 전달합니다.
- **감동:** 단순한 사실 나열을 넘어 수상의 의미와 가치를 감동적으로 전달합니다.
- **형평성:** 모든 수상자에게 동등한 관심과 시간을 배분합니다.
- **흐름:** 시상 과정이 매끄럽게 이어지도록 동선과 타이밍을 관리합니다.

[적용] 시상식 진행을 위한 실천 전략

시상식을 준비할 때는 먼저 모든 수상자에 관한 상세 정보를 확보해야 합니다. 저는 수상자 명단, 공적 내용, 프로필 사진, 약력 등을 미리 요청하여 철저히 준비합니다. 특히 수상자 이름과 소속의 정확한 발음을 확인하고 연습하는 것이 중요합니다.

시상식 현장에서는 수상자와 시상자의 동선을 명확히 안내하는 것이 중요합니다. "수상자 OOO님은 무대 오른쪽 계단으로 올라온 후, 시상자 OOO님으로 부터 상장을 받고 중앙에서 기념 촬영을 하겠습니다."와 같이 구체적으로 안내합니다. 이를 위해 시상식 전에 무대 구조와 동선을 직접 확인하고, 필요하다면 간단한 리허설을 진행합니다.

시상 소개 멘트는 형식적인 내용을 넘어 감동과 의미를 담아야 합니다. 저는 각 상의 의미와 수상자의 구체적인 공로를 연결하여 스토리텔링 방식으로 소개합니다. "다음은 혁신상 수상자 ○○○님입니다. 20년간 한결같은 연구 끝에 국내 최초로 ○○○기술을 개발했고, 이는 산업의 패러다임을 바꾸는 계기가 되었습니다."와 같이 공로의 맥락과 의미를 함께 전달합니다.

[활용] 다양한 시상식에서의 응용법

시상식의 성격과 규모에 따라 진행 방식을 조정하는 것이 효과적입니다.

대규모 공식 시상식에서는 품격과 효율성의 균형이 중요합니다. 수상자가 많을 경우에는 각 수상자별로 간결하되 핵심적인 공로를 언급하고, 주요 상에 대해서만 좀 더 상세한 소개를 하는 방식이 효과적입니다.

학술상이나 전문 분야 시상식에서는 전문 용어와 업적의 의미를 일반 청중도 이해할 수 있도록 쉽게 풀어서 설명하는 것이 중요합니다. "○○○박사님의 연구는 어려운 과학 용어로 설명하자면 ○○○이지만, 우리 일상에서는 ○○○를 가능하게 한 혁신입니다."와 같이 전문성과 접근성을 모두 고려합니다.

특히 학생이나 청소년 대상 시상식에서는 격려와 미래 지향적 메시지가 중요합니다. "오늘의 수상이 끝이 아닌 새로운 시작입니다. 이 경험이 여러분의 미래에 더 큰 꿈을 향한 디딤돌이 되길 바랍니다."와 같은 메시지로 수상의 의미를 확장합니다.

[정리] 시상식 MC의 핵심 요소

- **철저한 정보 파악**: 수상자, 상의 의미, 공적 내용을 정확히 파악합니다.
- **존중과 축하의 진정성**: 형식적인 축하가 아닌 진정한 존중과 축하의 마음을 전달합니다.
- **명확한 동선 안내**: 수상자와 시상자의 동선을 명확히 안내합니다.
- **감동적인 스토리텔링**: 공적 사항을 단순 나열하지 않고 스토리텔링 방식으로 전달합니다.
- **시간과 흐름 관리**: 전체 시상 과정이 원활하게 진행되도록 시간과 흐름을 관리합니다.

시상식 MC는 수상자의 영광스러운 순간을 더욱 빛내주는 역할을 합니다. '결과 발표자'가 아닌 '영광의 전달자'입니다. 수상자의 성취와 노력을 진심으로 존중하고, 그 가치를 모든 참석자들과 함께 나눌 때 시상식은 단순한 의례를 넘어 모두에게 영감을 주는 의미 있는 시간이 됩니다. 수상자의 빛나는 순간이 더 빛날 수 있도록, 자신은 한 발 물러서면서도 그 가치를 모두에게 전하는 역할을 맡아야 합니다.

문화와 언어를 초월하는 국제 행사 진행

국제 행사는 다양한 문화적 배경과 언어를 가진 참가자들이 모이는 장으로, 언어적 장벽과 문화적 차이를 넘어 효과적인 소통과 상호 이해를 이끌어내야 하는 복합적인 성격을 가집니다. 국제 행사에서 MC는 다양한 문화적 배경을 가진 참가자들 사이의 다리 역할을 합니다.

MC는 이러한 다양성을 존중하고 포용하는 동시에, 모든 참가자가 행사의 목적과 가치를 공유할 수 있도록 '문화적 가교' 역할을 수행해야 합니다. 언어적 장벽을 넘어 모든 참가자가 동등하게 행사를 경험할 수 있도록 하며, 문화적 감수성을 바탕으로 포용적인 분위기를 만드는 것이 핵심입니다.

국제 행사 진행의 황금 공식: 'BRIDGE 원칙'의 실행 방법

국제 행사를 성공적으로 진행하기 위해서는 **'BRIDGE 원칙'** (Balance, Respect, Inclusion, Delivery, Guidance, Empathy)을 적용하는 것이 효과적입니다.

Balance (균형) : 모든 문화와 언어에 동등한 배려

- 사용 언어 간 시간과 비중의 균형
- 다양한 문화권의 표현과 예시 균형 있게 활용
- 특정 문화에 치우치지 않는 중립적 입장 유지

Respect (존중) : 문화적 차이와 다양성 존중

- 각 문화의 인사법과 예절 숙지
- 이름과 직함의 정확한 발음
- 문화적 금기와 민감한 주제 이해

Inclusion (포용) : 모든 참가자의 포용과 참여 유도

- 다양한 참여 방식 제공
- 소외되는 그룹 없이 전체 참여 유도
- 다양한 의견과 관점 수용

Delivery (전달) : 명확하고 효과적인 메시지 전달

- 간결하고 명확한 언어 사용
- 전문 용어 최소화 또는 설명 추가
- 비언어적 소통(제스처, 시각 자료 등) 활용

Guidance (안내) : 참가자들을 위한 명확한 안내

- 프로그램과 절차의 명확한 설명
- 다국어 안내 자료 활용
- 지속적인 정보 업데이트 제공

> **Empathy (공감) : 다양한 참가자들의 상황과 감정 공감**
>
> · 언어 장벽에 대한 이해와 배려
> · 시차와 문화적 차이에 대한 공감
> · 다양한 문화적 표현과 감정 인정

[사례]

부산광역시 주최 '부산국제항만 콘퍼런스'

부산광역시 주최 '부산국제항만 콘퍼런스'는 해운·조선 산업 관계자 300여 명이 참석한 국제 회의였습니다. 한국, 노르웨이, 싱가포르, 영국 등 다양한 국적의 연사와 참가자들이 함께한 이 행사는 언어와 문화적 다양성을 고려한 진행이 필요했습니다.

이 행사를 준비하면서 가장 중점을 둔 것은 언어적 소통의 명확성과 문화적 포용성이었습니다. 저는 모든 연사의 이름과 직함을 정확히 발음하기 위해 사전에 메일로 발음 가이드를 요청했고, 특히 노르웨이 연사의 경우 발음 녹음본까지 받아 반복 연습했습니다.

행사는 한국어와 영어 동시통역으로 진행되었는데, 통역사들과의 협업도 중요했습니다. 행사 1주일 전 통역사들과 미팅을 갖고 주요 전문 용어와 발표 자료를 공유했으며, 통역을 위한 적절한 발언 속도와 문장 길이에 대해서도 조율했습니다.

콘퍼런스 진행 중에는 영어와 한국어를 적절히 혼용했습니다. 기본적으로 한국어로 진행하되, 주요 안내사항은 간단히 영어로도 반복했습니다. "다음은 '글로벌 해운시장 전망'에 관한 세션입니다. (Now we will move on to the session on 'Global Shipping Market Outlook'.)" 이런 식으로 두 언어를 자연스럽게 병행했습니다.

가장 어려웠던 순간은 런던에서 화상으로 참여 예정이었던 연사가 기술적 문제로 참여하지 못하게 되었을 때였습니다. 저는 즉시 "Unfortunately, we are experiencing technical difficulties with our London connection. This reminds us that even in our highly connected world, technological challenges can arise (안타깝게도 런던 연결에 기술적 문제가 발생했습니다. 이는 고도로 연결된 세상에서도 기술적 도전이 있을 수 있음을 상기시켜줍니다)."라고 말하며 상황을 객관화했습니다. 그리고 주최 측과 신속히 소통하여 일정을 조정했습니다.

특히 신경 썼던 부분은 다양한 문화권의 참석자들이 모두 존중받는다고 느낄 수 있는 환경을 조성하는 것이었습니다. 질의응답 시간에는 "We would like to hear voices from different countries. Is there anyone from overseas who would like to ask a question? (다양한 국가의 의견을 듣고 싶습니다. 해외에서 오신 분 중 질문하실 분 계십니까?)"라고 하여 국제 참가자들의 참여를 독려했습니다.

부산광역시 주최 'BIFC 부산국제항만 콘퍼런스'

[법칙] 국제 행사 진행의 5가지 원칙

- **명확성**: 간결하고 명확한 언어를 사용하며, 지역 특수적인 표현이나 관용어를 피합니다.
- **포용성**: 특정 문화나 국가에 치우치지 않고 모든 참가자를 동등하게 대우합니다.
- **배려**: 언어적 장벽을 고려하여 말의 속도를 조절하고, 필요시 핵심 내용을 반복합니다.
- **유연성**: 다양한 문화적 차이와 예기치 못한 상황에 유연하게 대응합니다.
- **전문성**: 국제적 맥락에서 해당 분야의 전문 용어와 트렌드를 정확히 이해하고 사용합니다.

[적용] 국제 행사 진행을 위한 실천 전략

국제 행사를 준비할 때는 먼저 참가자들의 문화적 배경과 언어적 특성을 파악해야 합니다. 저는 항상 주요 참가국의 기본적인 문화적 예의와 금기 사항을 조사합니다. 해양 콘퍼런스에서는 노르웨이, 싱가포르, 영국 등 주요 참가국의 비즈니스 문화와 인사 방식에 대해 미리 공부했습니다.

언어 사용에 있어서는 '국제 영어(International English)'를 활용하는 것이 좋습니다. 이는 지역적 억양이나 표현을 최소화하고, 모든 영어 사용자가 이해하기 쉬운 표준적인 영어를 말합니다. 저는 영어로 진행할 때 미국식, 영국식 표현을 번갈아 사용하기보다는 보편적으로 이해되는 표현을 선택합니다.

통역이 제공되는 경우, 통역사와의 협업은 필수적입니다. 저는 항상 통역사와 사전 미팅을 통해 발언 속도, 문장 길이, 주요 전문 용어 등을 조율합니다.

국제 행사에서는 비언어적 소통도 중요합니다. 저는 모든 참가자가 이해할 수 있는 보편적인 손짓과 표정을 사용하려고 노력하며, 특정 문화에서만 통용되는 제스처는 피합니다.

[활용] 다양한 국제 행사에서의 응용법

국제 행사의 유형에 따라 진행 방식을 조정하는 것이 효과적입니다.

국제 학술 콘퍼런스에서는 학문적 정확성과 함께 다양한 학문적 전통을 존중하는 것이 중요합니다. "There are different approaches to this issue across countries and academic traditions. Let's explore these diverse perspectives (이 이슈에 대해 국가와 학문적 전통에 따라 다양한 접근법이 있습니다. 이런 다양한 관점을 함께 탐구해 봅시다)."와 같은 표현이 유용합니다.

국제 비즈니스 행사에서는 각국의 비즈니스 관행과 예의를 존중하면서도 효율적인 진행이 중요합니다. 시간관념이 문화마다 다를 수 있으므로, "We will now take a 15minute break and resume promptly at 3:30 PM Korean time (이제 15분간 휴식 후, 한국 시간으로 오후 3시 30분에 정확히 재개하겠습니다)."와 같이 명확한 시간 안내가 필요합니다.

다문화 축제나 교류 행사에서는 각 문화의 고유성을 존중하고 교류의 즐거움을 강조하는 것이 좋습니다. "Today we celebrate the beautiful diversity of our global community.

Each culture brings unique colors to our shared human experience (오늘 우리는 글로벌 커뮤니티의 아름다운 다양성을 축하합니다. 각 문화는 우리의 공유된 인간 경험에 고유한 색채를 더합니다)."와 같은 표현이 적절합니다.

[정리] 국제 행사 MC의 핵심 요소

- **언어적 명확성**: 간결하고 이해하기 쉬운 언어를 사용합니다.
- **문화적 감수성**: 다양한 문화적 배경을 존중하는 표현과 태도를 유지합니다.
- **소통 방식 조절**: 통역과 다양한 언어 능력을 고려한 소통 방식을 채택합니다.
- **국제적 예의**: 다양한 문화권의 비즈니스·사회적 예의를 이해하고 실천합니다.
- **포용적 분위기 조성**: 모든 참가자가 동등하게 참여할 수 있는 환경을 만듭니다.

국제 행사의 MC는 문화와 언어의 가교 역할을 합니다. 다양한 배경을 가진 참가자들 모두가 소외감 없이 행사의 가치를 공유할 수 있도록 할 때, 진정한 글로벌 소통의 장이 완성됩니다.

감동과 참여를 이끄는 자선 및 사회공헌 행사진행

　자선행사와 사회공헌 이벤트는 단순한 행사를 넘어 사회적 가치와 의미를 전달하는 특별한 자리입니다. 사회적 가치와 변화를 위한 공감과 참여를 이끌어내는 것이 핵심입니다. 이러한 행사에서 MC는 단순한 진행자를 넘어 대의와 참가자 사이의 정서적 연결을 만들고, 구체적인 행동으로 이어지도록 돕는 '변화의 촉매제' 역할을 합니다. MC는 참석자들의 마음을 움직여 공감과 참여를 이끌어내야 합니다. 행사의 취지와 목적을 효과적으로 전달하면서도 따뜻한 공동체 의식을 형성하는 것이 자선행사 MC의 핵심 과제입니다.

자선 및 사회공헌 행사 진행의 황금 공식: 'HEART 원칙' 실행방법

　자선 및 사회공헌 행사를 성공적으로 진행하기 위해서는 'HEART 원칙'(Humanity, Emotion, Action, Respect, Truth)을 적용하는 것이 효과적입니다.

Humanity (인간성) : 인간적 가치와 연결하기

- 모든 사람의 존엄성 강조
- 보편적 인간 경험과 연결
- 사회 문제의 인간적 측면 부각

Emotion (감정) : 감정적 공감대 형성하기

- 진정성 있는 감정 표현
- 개인적 스토리와 경험 공유
- 희망과 감동의 순간 창출

Action (행동) : 구체적 행동 유도하기

- 명확한 행동 방향 제시
- 참여 장벽 낮추기
- 작은 행동의 큰 영향력 강조

Respect (존중) : 모든 관계자 존중하기

- 수혜자의 존엄성 보호
- 기부자·봉사자의 기여 인정
- 다양한 참여 방식 존중

Truth (진실) : 투명성과 진정성 유지하기

- 정확한 정보와 데이터 제공
- 과장 없는 현실적 설명
- 진행 과정과 결과의 투명한 공유

[사례]

초록우산 어린이재단 주최 '드림콘서트'

초록우산 어린이재단 주최 '드림콘서트'는 저소득층 아동들의 꿈을 응원하기 위한 자선 콘서트였습니다. 이 행사에는 후원자, 저소득층 가정 아이들, 음악 전문가들이 함께했으며, 클래식 연주자들과 어린이 합창단의 공연으로 구성되었습니다.

이 행사를 준비하면서 가장 중요하게 생각한 것은 행사의 취지를 감동적으로 전달하되, 저소득층 아이들이 소외감이나 불편함을 느끼지 않도록 세심하게 배려하는 것이었습니다. 저는 주최 측인 국제구호단체 담당자와 여러 차례 회의를 통해 아이들의 상황과 지원 프로그램에 대해 상세히 파악했습니다.

초록우산 주최 '산타원정대'

콘서트 시작 부분에서는 행사의 취지를 설명하되, '불우한 아이들'과 같은 표현 대신 '모든 아이들이 평등하게 꿈꿀 수 있는 세상을 만들기 위한 여정'이라는 식의 존중과 희망에 중점을 둔 표현을 사용했습니다. 또한 "여러분의 참여가 아이들의 삶에 실질적인 변화를 만들어내고 있습니다."라며 후원자들의 기여가 가져오는 구체적인 변화를 언급했습니다.

행사 중 가장 감동적인 순간은 음악 교육 프로그램을 통해 성장한 어린이들의 합창 공연이었습니다. 이 공연을 소개할 때 저는 "여러분이 지금 보게 될 공연은 단순한 합창이 아닙니다. 이것은 꿈의 소리이자, 가능성의 증명입니다. 1년 전만 해도 음악을 배울 기회조차 없었던 아이들이 오늘 여러분에게 감동의 선물을 드립니다."라고 소개했습니다.

콘서트 마지막에는 재단의 지원으로 꿈을 이룬 청소년 3명과의 짧은 인터뷰를 진행했습니다. 저는 "음악이 여러분의 삶에 어떤 변화를 가져왔나요?"라는 개방형 질문으로 시작했고, 한 청소년이 "처음으로 '나도 할 수 있다'는 자신감을 갖게 해주었어요."라고 답했을 때, 객석에서는 뜨거운 박수와 함께 일부 참석자들의 눈시울이 붉어지는 모습이 보였습니다.

[법칙] 자선행사 진행의 5가지 원칙

- **존중:** 수혜자의 존엄성을 항상 존중하고, 동정이 아닌 연대의 관점에서 접근합니다.
- **진정성:** 형식적인 미사여구가 아닌 진심 어린 메시지와 태도로 소통합니다.
- **구체성:** 추상적인 선행이 아닌 구체적인 변화와 영향을 전달합니다.
- **희망:** 문제의 심각성보다 변화의 가능성과 희망에 초점을 맞춥니다.
- **참여:** 단순한 관람이 아닌 참여와 행동을 자연스럽게 유도합니다.

[적용] 자선행사 진행을 위한 실천 전략

자선행사를 준비할 때는 먼저 해당 단체와 사업에 대한 깊이 있는 이해가 필요합니다. 저는 항상 주최 단체의 미션, 비전, 주요 활동, 성과 등을 상세히 파악하고, 가능하다면 현장 방문이나 수혜자 인터뷰를 통해 실질적인 이해를 넓힙니다. 초록우산 어린이재단 콘서트 전에는 재단의 음악 교육 프로그램 현장을 직접 방문하여 아이들과 만나는 시간을 가졌습니다.

행사 진행 시 언어 선택에 특별한 주의를 기울입니다. '불쌍한', '도움이 필요한', '어려운 환경의' 같은 수혜자를 대상화하거나 약자로 규정하는 표현 대신, '함께 성장하는', '꿈을 향해 나아가는', '새로운 기회를 만드는' 같은 존중과 파트너십을 강조하는 표현을 사용합니다. 특히 함께 동행한 관계자가 부모님이 아니기에 '보호자'라고 표현하는 부분도 잊지 마세요.

감동적인 스토리텔링도 중요합니다. 저는 단체가 만들어낸 변화를 구체적인 개인 사례를 통해 전달하려고 노력합니다. "통계적으로 지난해 600명의 아이들이 혜택을 받았습니다."보다는 "지난해 음악을 처음 접한 지민이는 이제 자신의 곡을 작곡할 만큼 성장했습니다. 지민이처럼 600명의 아이들이 새로운 꿈을 키우고 있습니다."와 같이 구체적인 스토리와 함께 전달하는 것이 효과적입니다.

행사의 마무리에서는 구체적인 참여 방법을 안내합니다. "오늘 행사가 끝나도 여러분의 관심과 참여는 계속될 수 있습니다. 로비에 마련된 후원 부스에서 정기 후원을 신청하시거나, 자원봉사 기회에 대해 문의하실 수 있습니다."와 같이 실질적인 행동 방법을 제시합니다.

[활용] 다양한 자선행사에서의 응용법

자선행사의 성격과 대상에 따라 진행 방식을 조정하는 것이 효과적입니다.

어린이 대상 자선행사에서는 희망과 꿈에 초점을 맞추는 것이 좋습니다. 세이브더칠드런 주최 '국제어린이 마라톤대회'에서는 "오늘 우리가 함께 달리는 이 순간, 전 세계 어린이들이 더 밝은 미래를 향해 한 걸음 더 나아갑니다."와 같은 희망적 메시지를 강조했습니다.

세이브더칠드런 주최 '국제어린이마라톤대회'

질병 관련 자선행사에서는 투병 과정의 어려움을 인정하면서도 극복과 희망에 초점을 맞춥니다. "암과의 싸움은 결코 쉽지 않습니다. 하지만 오늘 이 자리에 계신 분들의 지지와 연대는 환자들에게 무한한 힘이 됩니다."와 같은 표현이 적절합니다.

환경이나 사회 이슈 관련 행사에서는 문제의 심각성과 함께 해결 가능성을 균형 있게 전달합니다. "플라스틱 오염은 심각한 위협이지만, 우리의 작은 행동 변화가 모여 큰 차이를 만들 수 있습니다. 오늘 이 자리는 그 변화의 시작입니다."와 같은 메시지가 효과적입니다.

[정리] 자선행사 MC의 핵심 요소

- **목적 중심 진행**: 행사의 사회적 목적과 가치를 중심에 두고 진행합니다.
- **존중하는 언어 사용**: 수혜자의 존엄성을 존중하는 언어와 표현을 선택합니다.
- **감동적 스토리텔링**: 구체적인 사례와 스토리를 통해 공감을 이끌어냅니다.
- **희망과 가능성 강조**: 문제보다 해결책과 희망에 초점을 맞춥니다.
- **행동 유도**: 감동에서 그치지 않고 구체적인 참여와 행동을 자연스럽게 안내합니다.

자선 행사의 MC는 단순한 기부금을 모으는 것이 아니라, 인간성과 공감의 다리를 놓는 일을 합니다. 자선행사의 MC는 단순한 진행자를 넘어 사회적 가치의 전달자이자 공동체 의식의 촉진자입니다. 따라서 진정성 있는 감동과 참여를 이끌어내는 것이 핵심입니다. 참석자들의 마음을 움직여 실질적인 변화와 참여로 이어지게 할 때, 자선행사는 일회성 이벤트를 넘어 지속적인 사회적 영향력을 갖게 됩니다.

기업의 가치와 메시지를 효과적으로 전달하는 기업행사 진행

기업행사는 기업의 가치와 메시지를 내·외부 이해관계자에게 전달하고, 기업 문화를 강화하며, 비즈니스 목표를 지원하는 중요한 전략적 도구입니다. 회사의 브랜드 이미지와 핵심 메시지를 대내외적으로 전달하는 중요한 장인 거죠. MC는 기업의 가치와 메시지, 브랜드 아이덴티티, 문화 등을 정확히 이해하고 이를 행사의 모든 순간에 일관되게 반영하여 진행해야 합니다. 형식적인 의례를 넘어 참석자들에게 기업의 진정성과 비전을 효과적으로 전달하는 것이 기업 행사 MC의 핵심 과제입니다.

기업행사 진행의 황금 공식: 'BRAND 원칙'의 실행방법

기업행사를 성공적으로 진행하기 위해서는 'BRAND 원칙'(Brief, Relevant, Authentic, Narrative, Dynamic, Engaging)을 적용하는 것이 효과적입니다.

Brief (간결함) : 핵심 메시지 간결하게 전달하기

- 복잡한 정보 단순화
- 핵심 가치 중심 메시지 구성
- 불필요한 내용 과감히 생략

Relevant (관련성) : 청중과의 관련성 강조하기

- 청중의 관심사와 연결
- 실질적 혜택과 가치 제시
- 맥락에 맞는 적절한 예시 활용

Authentic (진정성) : 기업의 진정성 전달하기

- 과장 없는 솔직한 커뮤니케이션
- 기업 가치와 일치하는 메시지
- 투명하고 신뢰할 수 있는 정보 제공

Narrative (서사) : 기업 스토리로 연결하기

- 기업의 여정과 성과를 스토리로 구성
- 인간적 요소와 감정 포함
- 청중을 스토리의 일부로 포함

Dynamic (역동성) : 역동적인 진행 유지하기

- 다양한 형식과 매체 활용
- 적절한 리듬과 페이스 조절
- 에너지 수준 유지 및 변화 관리

Engaging (참여) : 청중 참여 유도하기

- 양방향 소통 기회 제공
- 디지털 도구를 활용한 참여 확대
- 적극적 질의응답과 피드백 장려

[사례]

부산테크노파크 '20주년 기념식 및 비전선포식'

'부산테크노파크 20주년 기념식 및 비전 선포식'은 우리 지역 기술혁신의 중심 기업으로서 과거 성과를 돌아보고 미래 비전을 선포하는 중요한 행사였습니다. 시장을 비롯한 주요 내빈과 지역 기업인 300여 명이 참석한 이 행사는 기업의 정체성과 비전을 명확히 전달하는 것이 관건이었습니다.

이 행사를 준비하면서 가장 중점을 둔 것은 해당 기업의 20년 역사와 성과, 그리고 미래 비전을 구체적이고 생생하게 전달하는 것이었습니다. 저는 행사 전 기업의 역사 자료와 주요 성과, 미래 비전 전략을 상세히 공부했고, 기관 내 주요 인사들과의 인터뷰를 통해 기업의 문화와 가치를 이해하려고 노력했습니다.

행사는 1부 기념식과 2부 비전 선포식으로 구성되었습니다. 1부에서는 20년 역사를 담은 영상 상영 전 "우리 지역의 기술혁신 생태계를 20년간 이끌어온 부산테크노파크의 여정은 결코 순탄치만은 않았습니다. IMF 위기 이후 지역 경제 활성화라는 사명을 안고 출발한 작은 조직이 오늘날 부산의 기술혁신을 선도하는 중추 기업으로 성장하기까지……."와 같이 기업의 역사적 맥락과 의미를 부각시키는 멘트로 영상을 소개했습니다.

2부 비전 선포식에서는 '혁신성장의 글로벌 플랫폼'이라는 새로운 비전 선포를 위해 무대 중앙에 설치된 대형 LED 화면과 연동하여 진행했습니다. "앞으로의 20년, 부산테크노파크는 지역을 넘어 세계로 뻗어나가는 혁신의 심장이 되고자 합니다. 부산의 기술과 기업이 글로벌 무대에서 빛날 수 있도록 지원하는 진정한 '글로벌 플랫폼'으로……."라는 멘트와 함께 비전 영상이 상영되었고, 대표이사의 비전 선포 후에는 내빈 및 직원들과 함께하는 퍼포먼스를 연출했습니다.

부산테크노파크 주최 '창립 20주년 기념식 및 비전 선포식'

기업행사에서 가장 어려운 점은 관련 주제의 생소한 용어들의 사용입니다. 예를 들어 '기술 혁신'이라는 다소 무거운 주제를 참석자들에게 흥미롭게 전달하는 방법 등이 있겠지요. 구체적인 성공 사례와 스토리텔링 방식을 활용하여 "글로벌 기업으로 성장한 ㅇㅇ기업은 직원 3명의 작은 스타트업에서 시작해 현재 100명 이상을 고용하는 기업으로 성장했습니다."와 같이 실질적인 성과를 생생하게 전달하려고 노력해보세요.

[법칙] 기업 행사 진행의 5가지 원칙

- **일관성**: 기업의 브랜드 가치와 메시지가 행사 전반에 일관되게 반영되도록 합니다.
- **전문성**: 기업과 산업에 대한 충분한 이해를 바탕으로 전문적인 진행을 합니다.
- **맞춤형**: 기업의 문화와 참석자 특성에 맞게 언어와 진행 방식을 조정합니다.
- **가치전달**: 단순한 사실 전달을 넘어 기업의 가치와 의미를 효과적으로 전달합니다.
- **참여**: 일방적 전달이 아닌 참석자들의 공감과 참여를 이끌어냅니다.

[적용] 기업 행사 진행을 위한 실천 전략

　기업 행사를 준비할 때는 먼저 해당 기업의 문화, 가치, 브랜드 톤 앤 매너(Tone & Manner)를 정확히 파악해야 합니다. 저는 항상 기업의 홈페이지, 소셜 미디어, 연차 보고서 등을 통해 기업의 커뮤니케이션 스타일을 연구하고, 담당자와의 미팅을 통해 행사에서 중점적으로 전달하고 싶은 메시지를 명확히 합니다.

행사 시작과 마무리에서는 기업의 핵심 가치와 메시지를 강조합니다. 부산테크노파크 기념식 행사 시작에서는 "기술 혁신을 통한 지역 경제 활성화라는 부산테크노파크의 창립 이념은 20년이 지난 지금도 변함없이 이어지고 있습니다."라고 말하며 기업의 존재 이유를 강조했습니다.

기업의 전문 용어와 업계 트렌드에 대한 이해도 중요합니다. 저는 행사 준비 과정에서 관련 산업의 주요 용어와 최신 트렌드를 공부하고, 이를 자연스럽게 언급함으로써 전문성을 보여줍니다. "최근 MZ세대 소비자들의 친환경 제품 선호도가 높아지는 트렌드에 발맞춰, 우리 기업은……."와 같이 업계 동향과 기업의 전략을 연결하는 방식이 효과적입니다.

다양한 참석자들을 고려한 소통 방식도 중요합니다. 임직원, 투자자, 파트너사, 언론 등 서로 다른 관심사를 가진 참석자들이 모두 공감할 수 있는 메시지를 전달해야 합니다. 저는 "이러한 성과는 임직원 여러분의 헌신, 주주 여러분의 신뢰, 그리고 파트너사 여러분의 협력이 있었기에 가능했습니다."와 같이 각 이해관계자의 기여를 인정하는 표현을 사용합니다.

[활용] 다양한 기업 행사에서의 응용법

기업 행사의 유형에 따라 진행 방식을 조정하는 것이 효과적입니다.

기념식 및 ○○주년 행사에서는 과거의 성과와 미래의 비전을 균형 있게 다루는 것이 중요합니다. "지난 10년의 도전과 성취를 바탕으로, 앞으로의 10년은 더 큰 혁신과 성장의 여정이 될 것입니다."와 같이 과거와 미래를 연결하는 메시지가 적절합니다.

신제품 출시 행사에서는 제품의 기술적 특징뿐만 아니라 사용자에게 제공하는 가치와 경험을 강조합니다. "이 제품은 단순한 기술적 특징뿐만 아니라 사용자에게 제공하는 가치와 경험을 강조합니다.", "이 제품은 단순한 기술 혁신이 아닌, 사용자의 일상을 근본적으로 변화시키는 경험을 제공합니다. 5나노 공정으로 제작된 이 프로세서는 속도가 30% 향상되었지만, 그보다 더 중요한 것은 사용자가 느끼는 삶의 변화입니다."와 같이 기술과 가치를 연결하는 표현이 효과적입니다.

기업 비전 선포식에서는 비전의 의미와 실행 방향을 명확하게 전달하는 것이 중요합니다. "오늘 선포하는 'Vision 2030'은 단순한 슬로건이 아닌, 우리 회사의 모든 의사결정과 행동의 나침반이 될 것입니다. 이 비전을 통해 우리는 ○○산업의 패러다임을 바꾸고, 지속가능한 가치를 창출하며……."와 같이 비전의 실질적 의미를 강조합니다.

사내 행사에서는 공식적인 톤을 유지하면서도 임직원들의 소속감과 자부심을 높이는 친근한 요소를 가미하는 것이 좋습니다. "우리 회사의 진정한 경쟁력은 바로 이 자리에 계신 여러분입니다. 각자의 자리에서 최선을 다하는 여러분의 열정이 모여 오늘의 성과를 이루었습니다."와 같이 임직원의 기여를 인정하고 격려하는 메시지가 효과적입니다.

[정리] 기업 행사 MC의 핵심 요소

- **기업 이해:** 기업의 역사, 문화, 가치, 비전에 대한 깊이 있는 이해가 필요합니다.
- **메시지 일관성:** 기업이 전달하고자 하는 핵심 메시지를 행사 전반에 일관되게 반영합니다.

- **전문성 표현:** 해당 산업과 기업에 대한 전문적 이해를 바탕으로 진행합니다.
- **다층적 소통:** 다양한 이해관계자들을 모두 고려한 포용적 소통을 합니다.
- **가치 강조:** 단순한 사실이나 숫자를 넘어 기업의 가치와 의미를 전달합니다.

기업 행사의 MC는 기업의 목소리이자 얼굴입니다. 기업의 가치와 메시지를 정확히 이해하고, 청중에게 이를 효과적이고 명확하며 매력적으로 전달하는 능력이 핵심입니다. 이렇게 했을 시 행사는 단순한 정보 전달을 넘어 기업의 가치와 비전을 내외부에 각인시키는 강력한 소통의 장이 됩니다.

기업 행사의 MC는 브랜드의 감성과 철학을 전달하는 '브랜드 스토리텔러'가 되어야 합니다.

지식과 통찰을 효과적으로 전달하는
교육 및 학술 행사 진행

  교육 및 학술 행사는 지식의 전달과 공유, 학문적 논의와 네트워킹을 통한 통찰의 확장을 목적으로 합니다. 교육 및 학술 행사는 전문 지식과 연구 성과를 공유하는 장으로, MC는 복잡한 내용을 청중이 이해하기 쉽게 연결하고 중재하는 역할을 합니다. 다양한 학술적 내용과 관점을 명확하게 이해하고 전달하는 '지식의 중개자' 역할을 하는 것이지요. 전문성을 유지하면서도 접근성을 높여 다양한 배경의 참석자들이 모두 가치 있는 경험을 할 수 있도록 돕는 것이 교육 및 학술 행사 MC의 핵심 과제입니다. 이러한 행사에서 MC는 다양한 학술적 내용과 관점을 명확하게 이해하고 전달하는 '지식의 중개자' 역할을 합니다.

  교육 및 학술 행사를 성공적으로 진행하기 위해서는 **'LEARN 원칙'** (Link, Engage, Articulate, Reflect, Navigate)을 적용하는 것이 효과적입니다.

교육 및 학술 행사 진행의 황금 공식, 'LEARN 원칙'의 실행 방법

Link (연결) : 지식과 맥락 연결하기

· 발표 주제 간 연관성 제시
· 이론과 실제 사례 연결
· 과거 연구와 현재 논의 연결

Engage (참여) : 지적 참여 유도하기

· 사고를 자극하는 질문 활용
· 다양한 수준의 참여 기회 제공
· 토론과 질의응답 효과적 관리

Articulate (명료화) : 복잡한 개념 명확히 전달하기

· 전문 용어의 적절한 설명
· 핵심 아이디어 요약 및 강조
· 시각적 자료와 비유 활용

Reflect (성찰) : 비판적 사고와 성찰 촉진하기

· 다양한 관점 제시 및 비교
· 발표 내용에 대한 재해석 제공
· 실천적 함의와 적용점 도출

Navigate (안내) : 지식의 여정 안내하기

· 전체 행사의 학술적 방향성 제시
· 복잡한 논의 과정의 체계적 안내
· 핵심 학습 포인트 명확한 표지 역할

[사례]

부산일보 주최 '해양산업 르네상스 콘퍼런스'

부산일보 및 한국해양산업협회 주최 "해양산업 르네상스 콘퍼런스"는 해운·조선 분야의 전문가들이 모여 최신 연구와 산업 동향을 공유하는 학술 콘퍼런스였습니다. 이 행사는 해양금융, 친환경 선박 기술, 글로벌 해운시장 전망 등 전문적이고 복잡한 주제들을 다루는 고도의 전문성이 요구되는 행사였습니다.

이 콘퍼런스를 준비하면서 가장 중점을 둔 것은 전문적인 내용에 대한 이해와 이를 청중에게 접근 가능한 방식으로 전달하는 것이었습니다. 저는 행사 전 해양금융과 해운산업에 관한 기본 개념부터 최신 트렌드까지 폭넓게 공부했고, 발표자들의 자료를 미리 검토하여 핵심 내용을 파악했습니다.

콘퍼런스 시작 부분에서 전체 프로그램을 소개할 때, 저는 단순히 순서를 나열하기보다 세션 간의 연결성을 강조했습니다. "오늘 콘퍼런스는 세 개의 유기적인 세션으로 구성되어 있습니다. 먼저 글로벌 해운시장의 거시적 흐름을 살펴본 후, 친환경 선박 기술이라는 미시적 주제로 좁혀가고, 마지막으로 이러한 변화를 지원하는 해양금융의 역할을 논의하게 됩니다. 이를 통해 해운산업의 현재와 미래를 종합적으로 이해하는 시간이 될 것입니다."

각 세션 도입부에서는 해당 주제의 중요성과 맥락을 설명하여 청중의 이해를 도왔습니다. "다음은 '친환경 선박 기술 동향' 세션입니다. 국제해사기구(IMO)의 온실가스 감축 규제가 강화되면서, 친환경 선박 기술은 선택이 아닌 필수가 되었습니다. 이 세션에서는 수소, 암모니아, LNG 등 다양한 대체 연료 기술과 그 경제성을 비교 분석하게 됩니다."

부산일보 및 한국해양산업협회 주최 '해양산업 르네상스' 콘퍼런스

패널 토론 진행에서는 전문가들 간의 토론을 중재하면서도 청중이 소외되지 않도록 노력했습니다. 특히 전문 용어가 많이 사용될 때는 "방금 언급된 'EEXI 규제'는 기존 선박의 에너지 효율을 평가하는 새로운 국제 기준을 의미합니다."와 같이 간단한 설명을 덧붙여 청중의 이해를 도왔습니다.

질의응답 세션에서는 다양한 배경의 참석자들이 모두 참여할 수 있는 환경을 조성하려고 노력했습니다. "학계, 산업계, 정책 분야 등 다양한 관점에서의 질문을 환영합니다. 전문가가 아니더라도 궁금한 점은 편하게 질문해 주시면 좋겠습니다."라고 안내하여 참여의 문턱을 낮추었습니다.

[법칙] 교육 및 학술 행사 진행의 5가지 원칙

- **전문성과 접근성의 균형:** 전문적 내용을 정확하게 다루되, 다양한 배경의 청중이 이해할 수 있도록 합니다.
- **맥락제공:** 개별 발표나 세션의 의미와 전체 주제와의 연결성을 명확히 합니다.
- **중립성:** 다양한 학술적 관점과 이론에 대해 중립적 태도를 유지합니다.
- **통합:** 분절된 발표들을 하나의 유기적인 지식 경험으로 통합합니다.
- **참여촉진:** 상호 학습과 지식 교류를 위한 질문과 토론을 장려합니다.

[적용] 교육 및 학술 행사 진행을 위한 실천 전략

교육 및 학술 행사를 준비할 때는 먼저 주제에 대한 기본적인 이해가 필요합니다. 저는 해당 분야의 입문서나 개론서부터 시작하여 핵심 개념과 용어를 익히고, 최신 트렌드와 이슈를 파악합니다. 해양 콘퍼런스를 위해서는 해운산업 기초 서적부터 최근 연구 논문까지 폭넓게 읽었습니다.

발표자들과의 사전 소통도 중요합니다. 저는 가능한 한 모든 발표자와 간단한 미팅이나 이메일 교환을 통해 발표 내용의 핵심과 강조점을 파악합니다. "발표에서 가장 전달하고 싶은 핵심 메시지는 무엇인가요?", "일반 청중이 이해하기 어려울 수 있는 전문적인 부분이 있나요?"와 같은 질문으로 발표 내용을 미리 이해하고, 이를 바탕으로 소개 멘트를 준비합니다.

전문 용어와 개념을 설명할 때는 비유와 사례를 활용합니다. "해운업의 'Slow Steaming'은 마치 자동차로 고속도로를 달릴 때 연비를 위해 속도를 줄이는 것과 유사한 개념입니다."와 같이 일상적인 경험에 빗대어 설명하면 이해하기 쉽습니다.

학술 행사에서는 다양한 관점과 견해가 존재할 수 있으므로, 중립적인 태도를 유지하는 것이 중요합니다. 저는 "이 주제에 대해서는 다양한 이론과 접근법이 있습니다. 오늘 우리는 여러 관점을 함께 살펴보고 통합적인 이해를 도모하고자 합니다."와 같은 표현으로 다양성을 존중하는 자세를 보여줍니다.

[활용] 다양한 교육 및 학술 행사에서의 응용법

교육 및 학술 행사의 유형에 따라 진행 방식을 조정하는 것이 효과적입니다.

학술 콘퍼런스에서는 연구의 의미와 실제적 적용 가능성을 강조하는 것이 좋습니다. "다음 발표는 이론적 논의를 넘어 실제 산업 현장에 어떻게 적용될 수 있는지 보여주는 중요한 연구입니다."와 같이 연구의 실용적 가치를 부각시킵니다.

워크숍이나 세미나에서는 참여와 상호작용을 촉진하는 것이 중요합니다. "이 세션은 일방적인 발표가 아닌 참여형 워크숍입니다. 여러분의 질문과 경험 공유가 이 시간을 더욱 풍성하게 만들 것입니다."와 같이 참여를 독려합니다.

교육 프로그램에서는 학습 목표와 기대 효과를 명확히 전달하는 것이 좋습니다. "오늘의 교육을 통해 여러분은 ○○기술을 실제 업무에 적용할 수 있는 실질적인 역량을 갖추게 될 것입니다."
와 같이 교육의 가치와 결과를 강조합니다.

대중 강연에서는 전문 내용을 일반 청중이 흥미롭게 받아들일 수 있도록 하는 것이 중요합니다. "다음 강연은 복잡한 양자역학의 세계를 우리의 일상과 연결시켜 설명해주는 흥미로운 시간이 될 것입니다."와 같이 주제의 흥미로운 측면을 부각시킵니다.

[정리] 교육 및 학술 행사 MC의 핵심 요소

- **주제 이해:** 행사 주제에 대한 기본적인 이해와 전문 용어 숙지가 필요합니다.
- **내용 연결:** 개별 발표와 세션 간의 유기적 연결을 통해 전체 맥락을 제공합니다.
- **설명 능력:** 복잡한 개념을 쉽게 풀어 설명하는 능력이 중요합니다.
- **중립적 중재:** 다양한 관점과 이론 사이에서 중립적인 중재자 역할을 합니다.
- **참여 촉진:** 질문과 토론을 통한 지식 교류와 깊이 있는 이해를 장려합니다.

교육 및 학술 행사의 MC는 지식의 중개자이자 촉진자 역할을 합니다. 저는 '지식의 다리'라고 표현하고 싶습니다. 심오한 학문적 내용과 청중 사이, 서로 다른 학문 분야 사이, 그리고 이론과 실제 사이를 연결하는 역할을 해야 합니다. 전문성을 존중하면서도 접근성을 높이는 균형점을 찾아야 합니다. 전문성과 접근성 사이의 균형을 유지하면서, 다양한 배경을 가진 참석자들 모두에게 의미 있는 학습과 통찰의 경험을 제공할 때, 진정한 지식 공유의 장이 완성됩니다.

예술적 감성과 전문성을 조화시키는
문화 및 예술 행사 진행

　문화 및 예술 행사는 창의적 표현과 감성적 경험, 그리고 예술적 가치를 공유하는 특별한 장입니다. 이러한 행사에서 MC는 예술 작품과 관객 사이의 '감성적 통역사' 역할을 하며, 예술적 감수성과 전문적 지식을 균형 있게 전달해야 합니다. MC는 예술 작품이나 공연의 가치와 의미를 효과적으로 전달하면서도, 관객의 자유로운 감상과 해석을 존중해야 합니다. 예술적 감성과 전문적 해설 사이의 균형을 찾아 관객의 경험을 풍요롭게 하는 것이 문화 예술 행사 MC의 핵심 과제입니다.

문화 및 예술 행사 진행의 황금 공식, 'ARTFUL 원칙'의 실행 방법

　문화 및 예술 행사를 성공적으로 진행하기 위해서는 'ARTFUL 원칙'(Atmosphere, Respect, Timing, Feeling, Understanding, Language)을 적용하는 것이 효과적입니다.

Atmosphere (분위기) : 작품에 적합한 분위기 조성하기

- 작품의 정서와 일치하는 어조 사용
- 공간과 작품 성격에 맞는 에너지 수준 유지
- 관객의 감정적 준비와 기대 설정

Respect (존중) : 예술적 가치와 의도 존중하기

- 작가·예술가의 의도와 철학 존중
- 다양한 예술적 표현과 해석 인정
- 작품의 독창성과 미학적 가치 인정

Timing (타이밍) : 예술적 순간의 타이밍 존중하기

- 작품 감상에 필요한 여백과 침묵 허용
- 감정의 고조와 이완의 리듬 감지
- 설명과 체험 사이의 적절한 균형 유지

Feeling (감정) : 감정적 연결 만들기

- 작품의 정서적 깊이 전달
- 개인적 경험과 작품 연결 유도
- 감상의 주관성과 다양성 인정

Understanding (이해) : 작품의 맥락과 의미 전달하기

- 작품의 역사적, 사회적 맥락 제공
- 기술적, 미학적 요소에 대한 이해 돕기
- 복잡한 개념을 접근 가능하게 설명

Language (언어) : 예술적 감성을 담은 언어 사용하기

- 풍부하고 감각적인 어휘 활용
- 시적 표현과 은유 적절히 활용
- 전문 용어와 감성적 표현의 균형 유지

[사례]
부산광역시 주최 '부산비엔날레' 개막식 및 리셉션

부산현대미술관에서 개최한 '부산비엔날레' 개막식은 국내외 예술가, 큐레이터, 미술계 관계자, 관람객 등 다양한 이들이 참석한 국제적인 문화 행사였습니다. 이 행사는 예술적 가치와 비전을 전달하면서도 공식적인 의전 요소도 포함해야 하는 복합적인 성격을 가지고 있습니다.

부산광역시 주최 '부산비엔날레' 개막식

이 행사를 준비하면서 가장 중점을 둔 것은 비엔날레의 주제와 예술적 맥락을 이해하고, 이를 다양한 배경의 참석자들에게 모두 의미 있게 전달하는 것이었습니다. 저는 행사 전 큐레이터와의 인터뷰를 통해 '다중적 미래(Multiple Futures)'라는 이번 비엔날레의 주제 의식과 전시 구성에 대해 깊이 있게 파악했습니다.

개막식 시작 부분에서는 비엔날레의 예술적 의미를 강조했습니다. "오늘 우리가 함께하는 비엔날레는 단순한 미술 전시를 넘어, 불확실한 시대에 우리가 함께 상상할 수 있는 다양한 미래의 가능성을 예술로 탐색하는 여정입니다. 36개국 80여 명의 작가들이 선보이는 작품들은 각기 다른 렌즈를 통해 우리 시대의 복잡성을 비추고, 새로운 미래를 상상합니다."

공식 의전 순서에서는 격식을 갖추되 딱딱하지 않은 분위기를 유지하려고 노력했습니다. "이번 비엔날레를 위해 국내외에서 오신 귀빈 여러분을 소개해 드리겠습니다. 예술의 힘을 믿고 지원해주시는 여러분이 계시기에 오늘의 비엔날레가 가능했습니다."라고 말하며 내빈 소개를 했습니다.

큐레이터와 예술 감독의 소개에서는 그들의 비전과 철학을 부각시켰습니다. "이번 비엔날레를 이끈 OOO 예술 감독은 지난 20년간 동아시아 현대미술의 새로운 내러티브를 구축해온 선구적인 큐레이터입니다. 그의 시선은 항상 지역적 맥락을 존중하면서도 글로벌한 대화를 이끌어내는 데 주목해 왔습니다."

리셉션 부분에서는 좀 더 편안하고 자유로운 분위기로 전환했습니다. "이제 모든 공식 순서를 마치고, 자유롭게 예술과 대화를 나누는 시간으로 넘어가겠습니다. 1층 메인 홀에는 참여 작가들의 작품 영감을 담은 특별 칵테일이 준비되어 있으니, 작가들과의 대화를 통해 작품의 또 다른 차원을 발견해보시기 바랍니다."라고요.

[법칙] 문화 및 예술 행사 진행의 5가지 원칙

- **예술적 맥락 존중:** 작품이나 공연의 예술적 의도와 맥락을 이해하고 존중합니다.
- **감상의 자유:** 관객의 자유로운 감상과 해석의 여지를 남겨둡니다.
- **접근성:** 예술에 익숙하지 않은 관객도 이해하고 즐길 수 있도록 돕습니다.
- **분위기 조성:** 작품이나 공연의 분위기와 조화를 이루는 말투와 진행 방식을 선택합니다.
- **균형:** 전문적인 예술 담론과 대중적 접근성 사이의 균형을 유지합니다.

[적용] 문화 및 예술 행사 진행을 위한 실천 전략

문화 예술 행사를 준비할 때는 먼저 해당 예술 장르와 작품에 대한 이해가 필요합니다. 저는 미술 전시의 경우 작가의 이전 작품들과 예술적 배경, 주요 작품의 의미와 기법 등을 미리 공부합니다. 부산비엔날레를 위해서는 참여 작가들의 주요 작품과 비엔날레의 역사적 맥락, 현대미술의 주요 흐름 등을 연구했습니다.

예술가나 큐레이터와의 사전 대화도 중요합니다. 저는 가능한 한 그들과 직접 만나거나 통화하여 작품에 담긴 의도와 중요하게 생각하는 지점들을 파악합니다. "관객들이 작품을 통해 어떤 경험을 하길 바라시나요?", "작품 소개 시 특별히 강조하고 싶은 부분이 있으신가요?"와 같은 질문을 통해 예술가의 의도를 존중하는 진행을 준비합니다.

행사의 언어와 톤은 예술 작품의 분위기와 조화를 이루도록 선택합니다. 전통 예술 행사에서는 좀 더 격식 있고 우아한 표현을, 실험적인 현대 예술 행사에서는 보다 자유롭고 도전적인 표현을 사용하는 식입니다. 비엔날레에서는 "이 작품들은 우리에게 익숙한 현실의 틀을 깨고, 새로운 가능성의 영역으로 우리를 초대합니다."와 같은 개방적이고 탐구적인 표현을 사용했습니다.

예술 작품 소개 시에는 지나친 해석이나 평가를 내리기보다, 관객이 스스로 작품과 대화할 수 있는 여지를 남겨두는 것이 중요합니다. "이 작품이 여러분에게 어떤 의미로 다가올지, 어떤 감정과 생각을 불러일으킬지 직접 경험해보시길 바랍니다."와 같은 표현으로 관객의 능동적 감상을 독려합니다.

[활용] 다양한 문화 예술 행사에서의 응용법

문화 예술 행사의 장르와 성격에 따라 진행 방식을 조정하는 것이 효과적입니다.

바다미술제와 같은 미술 전시 개막식에서는 전시의 주제와 맥락, 작가의 의도를 중심으로 진행합니다. "이번 전시는 작가가 10년 간 탐구해온 '기억의 지형도' 프로젝트의 집대성이자, 우리 시대의 집단적 기억이 어떻게 구성되고 변형되는지에 대한 예술적 성찰입니다."와 같이 전시의 의미를 부각시킵니다.

부산광역시 주최 '바다미술제' 개막식

음악 공연에서는 곡의 배경이나 작곡가의 의도를 간략히 소개하되, 음악 자체에 집중할 수 있는 분위기를 만듭니다. "다음으로 들으실 쇼팽의 야상곡은 작곡가가 파리 망명 시절 조국 폴란드에 대한 그리움을 담아낸 작품입니다. 피아니스트 ○○○의 섬세한 해석을 통해 이 작품이 전하는 향수와 서정성을 느껴보시기 바랍니다."와 같이 감상의 방향성을 제시합니다.

문학 행사에서는 작가와 작품의 맥락을 소개하되, 다양한 해석의 가능성을 열어둡니다. "이 소설은 표면적으로는 가족 이야기를 다루고 있지만, 동시에 우리 사회의 계층 구조와 세대 갈등에 대한 은유로도 읽힐 수 있습니다. 오늘 작가와의 대화를 통해 여러분만의 독특한 해석을 나눠보시길 바랍니다."와 같이 다층적 의미를 암시합니다.

  복합 문화 축제에서는 다양한 예술 형식 간의 대화와 융합을 강조합니다. "이번 축제는 음악, 무용, 시각예술, 미디어아트가 경계를 넘어 서로 대화하는 장입니다. 여러 예술 형식이 만나 어떤 새로운 경험을 창출하는지 모든 감각을 열고 탐험해보시길 바랍니다."와 같이 통합적 경험을 유도합니다.

부산광역시 해운대구 주최 '가수 양희은과 함께하는 별다른 음악회'

[정리] 문화 예술 행사 MC의 핵심 요소

> - **예술적 이해:** 해당 예술 장르와 작품에 대한 기본적인 이해가 필요합니다.
> - **존중과 겸손:** 예술가의 의도와 관객의 해석을 모두 존중하는 자세를 유지합니다.
> - **언어적 감수성:** 예술 작품의 분위기와 조화를 이루는 언어와 표현을 선택합니다.
> - **균형 감각:** 전문성과 대중성, 설명과 감상의 자유 사이에서 균형을 찾습니다.
> - **분위기 조성:** 예술적 경험을 풍요롭게 하는 적절한 분위기를 만듭니다.

문화 및 예술 행사의 MC는 '감성의 번역가'입니다. 문화 예술 행사의 MC는 예술과 관객 사이의 다리 역할을 합니다. 예술 작품과 관객 사이에서, 전문적 지식을 감성적 언어로 변환하고, 감상의 깊이를 더해주는 역할을 합니다.

그러나 때로는 말보다 침묵이, 설명보다 경험이 더 중요한 순간이 있음을 아는 것이 진정한 예술적 감수성입니다. 작품의 의미와 가치를 존중하면서도, 관객이 자신만의 방식으로 예술을 경험하고 해석할 수 있는 여지를 남겨둘 때, 진정한 예술적 소통의 장이 열립니다.

장르별 진행, 행사의 특별함을 완성하는 MC의 기술

　이번 장에서는 다양한 행사 장르에 따른 맞춤형 진행 방법을 살펴보았습니다. 각 장르는 고유한 특성과 목적, 그리고 참가자들의 기대를 갖고 있으며, MC는 이러한 특성을 정확히 이해하고 그에 맞는 진행 방식을 적용함으로써 행사의 가치를 극대화할 수 있습니다.

　26년간의 MC 경력을 통해 깨달은 가장 중요한 통찰은, MC는 단순한 진행자가 아니라 '소통의 건축가'라는 점입니다. 다양한 장르의 행사에서 MC는 내용과 형식, 연사와 청중, 과거와 미래, 정보와 감정을 연결하는 다리 역할을 합니다.

　각 장르별 진행 방법에는 고유한 원칙과 전략이 있지만, 모든 장르를 관통하는 핵심 가치는 '진정성'과 '균형'입니다. 청중과 진정성 있게 소통하고, 행사의 목적과 참석자의 요구 사이에서 균형을 찾을 때, MC는 단순한 진행을 넘어 행사의 가치를 한층 높이는 역할을 할 수 있습니다.

　저는 공식 의전 행사에서는 격식과 정확성을, 토크쇼와 패널 토론에서는 다양한 의견의 균형 있는 중재와 대화의 흐름의 균형을, 시상식에서는 수상자의 영광스러운 순간을 빛내는 역할을, 국제 행사에서는 문화적 다양성을 존중하는 포용적 진행을, 자선행사에서는 감동과 참여를 이끄는 공감의 기술을, 기업 행사에서는 기업의 가치와 메시지의 효과적 전달을, 교육 및 학술 행사에서는 지식과 통찰의 명확한 중개를, 문화 및 예술 행사에서는 예술적 감성과 전문성의 균형을 찾기 위해 노력해왔습니다. 이를 통해 MC는 행사의 본질을 살리는 진정한 '행사의 심장'이 됩니다.

이러한 다양한 경험을 통해 깨달은 것은, MC의 역할이 단순히 순서를 안내하는 것이 아니라 행사의 목적과 가치를 효과적으로 전달하고, 참석자들에게 의미 있는 경험을 제공하는 것이라는 점입니다. 이것이 바로 '행사의 품격을 높이는 진행'의 본질입니다.

성공적인 MC는 어떤 장르의 행사에서도 그 행사만의 'DNA'를 읽어내고, 그에 맞는 접근 방식을 선택할 수 있는 통찰력과 유연성을 갖춰야 합니다. 단순히 정해진 스크립트를 읽는 사람이 아닌, 행사의 목적과 참가자의 기대, 그리고 현장의 상황을 종합적으로 고려하여 최적의 경험을 창출하는 '행사의 건축가'가 되어야 합니다.

앞으로도 MC로서 계속 성장하기 위해서는 끊임없는 자기 계발과 다양한 분야에 대한 관심, 그리고 진정성 있는 소통 능력이 필요합니다. 기술적인 스킬을 넘어, 사람과 사람, 메시지와 청중을 진정으로 연결하는 능력이 전문 MC의 핵심 경쟁력이 될 것입니다.

이제 여러분은 다양한 장르별 진행 방법과 구체적인 사례들을 통해 어떤 행사에서도 자신감 있게 MC 역할을 수행할 준비가 되었습니다. 다양한 행사 장르에 대한 이해와 맞춤형 접근은 여러분을 일반적인 진행자에서 전문적인 MC로 성장시키는 중요한 발판이 될 것입니다. 진정한 MC는 천 개의 행사를 동일하게 진행하는 사람이 아니라, 각 행사의 고유한 색깔을 발견하고 그에 맞는 특별한 진행으로 차별화하는 사람입니다.

마지막으로, MC는 자신의 역할을 겸손하게 인식해야 합니다. 행사의 주인공은 MC가 아니라 내용과 참석자들입니다. MC는 무대의 중심이 아니라 행사의 가치를 빛내주는 '조력자'로서, 최선의 환경을 만들어주는 역할에 충실할 때 진정한 전문가로 인정받을 수 있습니다.

제6장

MC의 위기관리와 돌발 상황 대처법

위기를 기회로 전환하는 MC의 역량

행사 진행 중 예상치 못한 상황은 언제든 발생할 수 있습니다. 이것은 경험 많은 MC도 피할 수 없는 현실이죠. 이런 상황에서 MC의 대처 능력이 진정한 전문성을 보여주는 순간으로 프로와 아마추어가 정확히 구분됩니다. 유능한 MC는 단순히 좋은 대본을 읽는 사람이 아니라, 돌발 상황에서도 침착하게 대처하며 위기를 기회로 전환할 수 있는 역량을 갖춘 사람입니다. 완벽한 행사는 없습니다. 다만 완벽한 대처가 있을 뿐입니다. MC의 진정한 가치는 예상대로 진행될 때가 아니라 예상을 벗어났을 때 드러납니다. 이번 장에서는 MC가 직면할 수 있는 다양한 위기 상황을 예측하고, 이에 효과적으로 대응하는 실질적인 방법과 노하우를 살펴보겠습니다.

제가 경험한 순간 중 하나는 부산벤처기업협회 주최 '벤처인의 날' 연말 시상식에서 객석에 앉아있던 5~6세가량의 한 아이가 갑자기 무대 위로 뛰어나온 적이 있습니다. 사회자로서 순간 당황스러웠지만, 저는 침착하게 생각해보았습니다. '아이가 저렇게 빠르게 뛰어나오는 건 분명 수상자 부부의 자녀일 것이다'라고요. 그래서 저는 "우리 아이가 부모님의 수상을 축하하기 위해 무대로 뛰어오고 있네요. 청중 여러분, 가족이 함께 기쁨을 만끽할 수 있도록 아이가 무대 위로 올라올 수 있도록 하면 어떨까요?" 라고 애드리브로 질문한 뒤, 아이에게는 "안전하게 천천히 올라오세요." 라며 아이 눈높이에 맞는 어투로 이야기했습니다. 그 이후 "자, 그럼 이렇게 행복한 순간 시장님과 부부, 그리고 자녀가 다함께 가족사진을 남기겠습니다. 아마 우리 아이는 성장하여 자랑스러운 부모님의 모습을 평생 기억할 것입니다."라며 그 순간을 의미 있게 마무리했습니다. 사회자가 그 가족에게는 큰 선물을 한 것이지요.

부산벤처기업협회 주최 '벤처인의 날'

행사 시, 위기 상황의 유형과 특성

행사 진행 중 발생할 수 있는 돌발 상황은 크게 4가지 유형으로 분류할 수 있습니다. 각 유형별 특성과 대응 방향을 이해하는 것이 위기관리의 첫걸음입니다.

원칙1 침착함을 유지하는 것

MC가 당황하거나 불안해하면 그 감정은 곧바로 청중에게 전달됩니다. 반대로 MC가 침착하게 상황을 수습하면, 청중도 그것을 자연스러운 흐름으로 받아들이며 결국 감동으로 다가옵니다.

원칙2 투명성과 유머의 적절한 활용

모든 문제를 숨기려 할 필요는 없습니다. 예를 들어, 마이크에 문제가 생겼다면 "잠시 기술적인 문제가 있어 마이크를 교체하겠습니다. 늘 잘 되던 마이크도 생방송만 들어가면 먹통이 되곤 합니다. 이런 경험들 다들 있으시죠."라고 가벼운 유머와 함께 상황을 설명할 수 있습니다.

원칙3 대안을 신속하게 찾는 것

한번은 프레젠테이션 발표자의 노트북이 갑자기 작동하지 않았을 때, 저는 즉시 "잠시 기술적인 문제를 해결하는 동안, 발표자께서 주요 내용을 간략히 먼저 소개해 주시겠습니다."라고 제안했습니다. 이런 순발력 있는 대안 제시는 행사의 흐름을 끊지 않고 유지하는 데 중요합니다.

원칙4 유연성을 가지는 것

상황에 따라 프로그램 순서를 변경하거나 쉬는 시간을 조정하거나 계획에 없던 활동, 예를 들어 Q&A 또는 네트워킹을 추가하는 등 유연하게 대처해야 합니다.

저는 10여 년 동안 중소벤처기업부 주최 '웰컴투 팁스' IR피칭 경진대회를 진행했습니다. 하루는 쉬는 시간 없이 모든 발표를 진행하는 것으로 기획이 되어있었습니다. 이때 저는 지쳐가는 심사위원들의 표정을 인지하고 '심사위원의 집중도가 떨어지면 심사의 공정성이 떨어지니 잠시 쉬는 시간을 가지도록 하겠다'며 10분 정도 브레이크 타임을 가졌습니다.

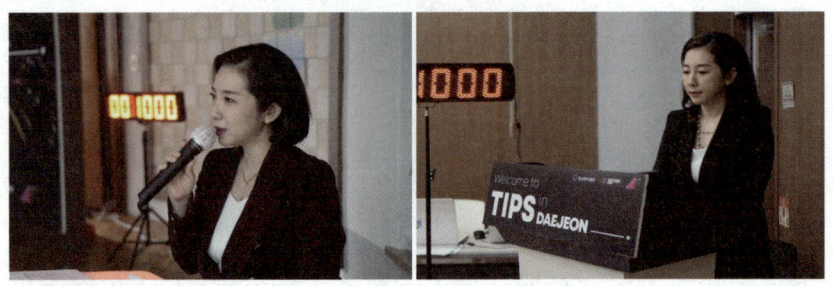

중소벤처기업부 주최 '웰컴투 팁스'

이렇게 순서를 조정하는 과정에서 중요한 것은 청중에게 명확히 안내하는 것입니다. "사실 발표자 못지않게 어려운 역할을 하고 있는 분들이 바로 심사위원들이 아닌가 싶습니다. 심사의 집중력과 공정성을 위해서 10분 정도 브레이크 타임을 가질까 합니다. 발표 대기를 하고 있는 ○○○ 대표님과 청중들에게 양해를 구하겠습니다. 괜찮으실까요? (청중 대답 후) 네, 감사합니다. 그럼 지금부터 정확하게 10분 뒤, 11시 40분에 IR피칭 경진대회를 다시 진행하도록 하겠습니다."

돌발 상황은 MC에게 스트레스가 될 수 있지만, 이러한 상황을 어떻게 해결하느냐가 전문 MC와 아마추어의 차이를 만듭니다.

위기 상황에서 MC의 가장 큰 무기는 준비된 자신감입니다. 충분한 사전 준비는 어떤 돌발 상황에서도 침착함을 유지하는 토대가 됩니다. 오히려 이런 경험들이 쌓여 더 뛰어난 MC로 성장하게 됩니다.

질의응답의 중요성과
세션 효과적으로 이끌기

활발한 질의응답 세션은 행사의 참여도와 만족도를 높이는 중요한 요소입니다. 질의응답 세션은 청중과 연사간의 직접적인 소통이 이루어지는 중요한 시간이지만, 동시에 가장 예측하기 어려운 순간이기도 합니다. MC는 이 시간을 통해 행사의 가치를 더욱 높이는 역할을 해야 합니다. MC는 이 시간을 단순히 '질문 받고 답하는' 형식적인 시간이 아니라, 진정한 소통과 배움의 시간으로 만들어야 합니다.

질의응답 세션 시작 시 명확한 규칙 안내

"질문은 간결하게 한 가지씩 해주시고, 소속과 이름을 먼저 말씀해 주시면 감사하겠습니다. 총 15분 동안 진행하겠습니다." 이렇게 구체적으로 안내하면 더 효율적인 진행이 가능합니다.

질문자를 선정하는 방법도 중요

대규모 행사에서는 사전에 질문 카드를 받거나, 마이크를 전달하는 스태프를 배치하는 것이 좋습니다. 저는 보통 "먼저 앞쪽에서 질문 한 가지 받겠습니다. 그 다음 뒤쪽에서도 질문 기회를 드리겠습니다."와 같이 다양한 위치의 참석자들에게 균등한 기회를 주려고 노력합니다.

질문이 없거나 적을 때의 대처도 MC의 중요한 역할입니다. 저는 이런 상황을 대비해 항상 2~3개의 질문을 미리 준비해둡니다. "청중 분들이 질문을 준비하는 동안, 제가 먼저 한 가지 여쭤보겠습니다. 발표자께서는(……)라고 강연 중 말씀을 하셨는데요……." 같이 자연스럽게 질문을 던집니다. 이를 통해 다른 참석자들도 자신의 질문을 정리할 시간이 생기고 관련하여 질문이 자연스럽게 떠올라 질문하기 편안한 분위기가 형성됩니다.

반대로 질문이 너무 많을 때는 시간 관리가 중요합니다. "많은 분들이 손을 들어주셨는데, 시간 관계상 세 분 정도의 질문을 더 받고 마무리 하겠습니다."라고 미리 안내하면 좋습니다.

주제 일탈 질문 시 MC의 중재 필요

"질문의 요지가 ○○○인 것으로 이해했습니다. 발표자님, 이 부분에 대해 답변 부탁드립니다."와 같이 질문을 정리해주는 역할을 합니다.

논쟁적인 질문 시 중립 지키기

이럴 때 MC는 중립적인 태도로 상황을 부드럽게 조정해야 합니다. "다양한 관점에서 볼 수 있는 흥미로운 주제인 것 같습니다. 발표자님의 견해를 간략히 듣고 다음 질문으로 넘어가도록 하겠습니다."

질의응답 세션의 원활한 마무리

저는 보통 "더 많은 질문을 받지 못해 아쉽습니다. 추가 질문이 있으신 분들은 행사 후 개별적으로 발표자께 문의하시거나, 행사 홈페이지에 남겨주시면 답변을 받으실 수 있습니다."라고 안내합니다. 그리고 마지막으로 발표자에게 감사 인사를 전하며 세션을 마무리합니다.

질의응답 세션을 효과적으로 이끌기 위한 위의 5단계 프레임워크를 표로 정해보았습니다. 이를 통해 체계적인 접근이 가능합니다.

| 질의응답 세션 '5S단계' 프레임워크 |

단계	주요 목표	실행 방법	MC 스크립트 예시
Setting (설정)	명확한 규칙과 기대치 설정	시간, 질문 방식, 예의 등 안내 질문 선별 과정 설명 질문 품질 기준 제시	"지금부터 20분간 질의응답 시간을 갖겠습니다. 질문은 간결하게 해주시고, 자신의 소속과 이름을 먼저 말씀해 주세요. 다양한 의견을 듣기 위해 한 분당 한 개의 질문으로 제한하겠습니다."
Selection (선별)	다양하고 균형 있는 질문 선택	다양한 영역에서 질문 수집 주제 관련성 확인 참여 기회 균등 분배	"앞쪽과 뒤쪽에서 골고루 질문을 받겠습니다. 저쪽 분홍색 셔츠를 입으신 분, 질문 부탁드립니다."
Structuring (구조화)	모호한 질문 명확화, 핵심 추출	긴 질문 요약 다중 질문 분리 모호한 질문 명료화	"말씀하신 내용을 정리하자면, '인공지능 기술이 어떻게 기존 비즈니스 모델을 변화시킬 것인가'에 대한 질문으로 이해했습니다. 연사님, 이 부분에 대해 어떻게 생각하시나요?"
Steering (조율)	대화의 품질과 흐름 관리	답변 시간 관리 주제에서 벗어난 경우 조정 후속 질문으로 심화	"시간 관계상, 이 질문에 대한 답변은 간략히 부탁드립니다. 다음 질문으로 넘어가겠습니다."
Summarizing (요약)	핵심 인사이트 정리, 깔끔한 마무리	주요 질문과 답변 요약 남은 질문 처리 방안 안내 연사 공헌에 감사 표현	"시간 관계상 모든 질문에 답하지 못했지만, 주요 논점은 [핵심 요약]입니다. 추가 질문이 있으신 분들은 행사 후 네트워킹 시간에 연사들께 개별적으로 질문하실 수 있습니다."

질의응답 세션은 연사의 지식과 청중의 호기심이 만나는 지점입니다. 효과적인 질의응답 세션은 청중의 궁금증을 해소하고, 주제에 대한 이해를 더 깊게 하며, 다양한 관점을 나눌 수 있는 소중한 시간입니다. MC는 이 만남이 생산적이고 유익하도록 '지적 교통정리'를 하는 역할을 합니다. MC의 적절한 중재와 안내로 이 시간이 더욱 풍성해질 수 있습니다.

소통의 기술, 청중을 끌어들이는 방법

청중의 활발한 참여는 행사의 성공을 가늠하는 중요한 요소입니다. 즉, 행사의 성공 여부는 결국 청중의 참여와 만족도에 달려 있습니다. 그러나 다양한 요인들이 청중 참여를 방해할 수 있으며, MC는 이러한 장애물을 극복하고 청중이 행사에 몰입하도록 이끌어야 합니다. MC는 일방적으로 정보를 전달하는 것을 넘어, 청중을 행사에 적극적으로 끌어들이는 역할을 해야 합니다.

청중과의 '눈 맞춤'은 가장 강력한 소통 방법

저는 행사를 진행할 때 특정 지점만 바라보는 것이 아니라, 앞쪽, 뒤쪽, 왼쪽, 오른쪽 등 다양한 위치의 청중과 고르게 눈을 맞추려고 노력합니다. 이를 통해 "나는 여러분 모두에게 말하고 있습니다."라는 메시지를 전달합니다.

'질문'을 통한 청중의 참여 유도

"오늘 주제에 대해 이전에 들어보신 분 계신가요?", "이 기술을 실제 업무에 적용해보신 분 계신가요?"와 같은 간단한 질문으로 청중의 반응을 이끌어낼 수 있습니다. 이때 박수로 답하게 하는 방법도 효과적입니다. 사실 질문을 해도 한국사회에서는 소리 내어 답변을 하는 경우가 극히 드뭅니다. 그러나 머릿속으로는 답변을 하고 있어서 질문기법은 주의를 집중시키기에 좋습니다.

단, 충분히 라포가 형성되어 있고 참여도가 높은 기업의 워크숍이라면 청중이 답변을 하는 것이 가능합니다. "이 문제를 경험해 보신 분들, 손을 들어주세요."라고 질문한 후, "네, 거의 모든 분들이 손을 드셨네요. 이것이 바로 오늘 우리가 이 주제를 다루는 이유입니다"라고 연결할 수 있겠죠. 이런 방식으로 청중이 주제에 더 공감하고 집중하게 만들 수 있습니다.

'인정과 공감' 표현의 중요성

"멀리서 오신 분들 정말 고생 많으셨습니다.", "오전 내내 집중해서 들으시느라 피곤하실 텐데, 잠시 스트레칭 시간을 가져볼까요?" 같은 표현으로 청중을 배려하는 모습을 보여주세요. 한번은 부산광역시 해운대구 주최 청년문화복합센터 개소식을 진행하던

중 갑자기 비가 내리기 시작했습니다. 야외행사였기에 주최 측에서 나눠준 우비를 착용하고 많은 분들이 야외 행사에 참석을 했는데요, "갑작스러운 비에도 자리를 지켜주셔서 감사합니다. 우리의 열정이 비보다 더 강하다는 것을 보여주고 있습니다."라고 말했더니, 청중들이 미소 지으며 더 적극적으로 참여하게 된 사례가 있습니다.

'스토리텔링'의 적용

통계나 정보를 나열하는 것보다, 실제 사례나 개인적인 경험을 이야기로 풀어내면 청중의 관심을 끌 수 있습니다. "제가 처음 창업했을 때 이야기를 잠시 말씀드리면……."과 같이 시작하는 짧은 스토리는 청중과의 거리를 좁혀줍니다.

'참여형 활동'의 적절한 활용

토크쇼 진행 등에 효과적인 방법인데요, 장시간 행사에서는 청중의 집중력이 떨어질 수 있습니다. 이때 "옆 분과 오늘 들은 강연 중 가장 인상적인 부분을 1분간 이야기 나눠보세요."와 같은 간단한 활동을 통해 에너지를 높일 수 있습니다. 한번은 100명이 참석한 차세대 여성 콘퍼런스에서 "옆에 있는 분과 가위, 바위, 보를 해볼까요?"라는 활동을 진행했는데, 이후 세션의 참여도가 눈에 띄게 향상되었습니다.

효과적인 '유머'의 사용

모든 유머가 적절한 것은 아니지만, 상황에 맞는 가벼운 유머는 분위기를 부드럽게 만들고 청중의 주의를 환기시킵니다. 저는 종종 자기 자신에 대한 유머를 사용합니다. 아무런 반응이 없는 청중들에게 "저는 지금 누구와 이야기를 하고 있는 걸까요?"와 같이 말이죠. 이렇게 말하면 모두들 웃으면서 행사에 집중하기 시작합니다.

'존중과 진정성'의 유지

청중을 깔보거나 형식적인 태도를 보이면 즉시 감지됩니다. 반대로 진심으로 청중을 존중하고 가치 있는 시간을 제공하려는 의지가 전달되면, 청중도 그에 응답하게 됩니다. 때로는 청중의 관심이 급격히 저하되는 순간이 찾아옵니다. 이럴 때 MC가 활용할 수 있는 비상 전략을 소개합니다.

| 청중 관심 회복 비상 전략 |

상황	회복 전략	실행 방법	효과
에너지 급락	신체 활동 유도	"잠시 일어나서 옆 사람과 하이파이브를 나눠보세요." "간단한 스트레칭으로 에너지를 회복해 봅시다."	혈류 순환 증가 산소 공급 개선 집중력 회복
주의력 분산	예상치 못한 요소 도입	"지금 말씀드리는 정보는 오늘 가장 중요하면서도 많은 분들이 놓치는 부분입니다." 음향·조명 변화로 주의 환기	호기심 자극 선택적 주의 집중 신선함 제공
정보 과부하	정리와 환기 제공	"지금까지 논의한 내용을 3가지 핵심 포인트로 요약해보겠습니다." "이 정보가 여러분에게 어떤 의미가 있는지 잠시 생각해 보세요."	정보 소화 시간 개인적 연결 핵심 강화
분위기 침체	감정적 요소 활용	적절한 유머나 감동적 사례 공유 개인적 경험이나 취약성 공유 청중 공감대 형성 질문	정서적 연결 공감대 형성 인간적 유대감
갈등·긴장 상황	공통점 환기	"다양한 관점이 있지만, 우리 모두 [공통 목표]를 위해 이 자리에 모였습니다." 갈등의 창의적 가치 강조	관점 확장 공동 목표 상기 포용적 환경
기술적 문제 발생	청중 참여로 전환	"기술팀이 문제를 해결하는 동안, 옆 사람과 지금까지 가장 인상적인 점에 대해 이야기 나눠보세요."	대기 시간 활용 네트워킹 촉진 집중력 유지

제6장 MC의 위기관리와 돌발 상황 대처법

청중을 참여시키는 것은 그들의 신체만이 아니라 마음과 지성을 행사에 초대하는 것입니다. 진정한 참여는 MC가 얼마나 말하느냐가 아닌, 청중이 얼마나 생각하고 느끼고 행동하느냐에 의해 결정됩니다.

소통은 단순한 말하기 기술이 아니라, 청중과 진정한 연결을 만드는 과정입니다. MC로서 이 연결을 만들어낼 때, 행사는 단순한 정보 전달을 넘어 모두에게 의미 있는 경험이 됩니다.

위기 관리와 대응,
실제 돌발상황 대처 사례

 행사에서 예상치 못한 일은 항상 일어납니다. 물론 저도 수천 번의 행사를 진행하면서 정말 다양한 돌발 상황을 겪었죠. 그때 어떻게 대처를 했었는지 실제 경험을 공유하면서 사례 스크립트를 보여드리겠습니다.

기술적 문제 대처

[사례]
프레젠테이션 작동 오류

- 상황: 기업 콘퍼런스에서 CEO의 중요한 발표인데 갑자기 PPT가 먹통이 됐다면?
- 대처: "잠시 기술적인 문제가 발생했습니다. 기술팀이 문제를 해결하는 동안, CEO님께서 오늘 발표의 배경에 대해 먼저 간략히 말씀해 주시겠어요?"
- 조치: 기술팀과 아이컨택으로 상황을 계속 체크하며, 너무 오래 걸릴 경우 계획된 coffee break를 앞당기는 방법이 있습니다.

[사례]
음향 시스템 하울링

- 상황: 대규모 시상식에서 갑자기 마이크에서 '삐이익-' 하는 하울링 소리가 났다면?
- 대처: "잠시 기술적인 조정이 필요한 것 같습니다. 이런 순간이 바로 라이브 행사라는 증거가 아닌가 싶습니다. 마이크가 조정될 때까지 제가 목소리를 높여 진행하겠습니다."
- 방지책: 이후로는 항상 행사 전에 여러 위치에서 마이크 테스트를 하고, 무선 마이크를 두 개 준비하는 센스가 필요합니다.

연사 관련 문제 대처

[사례]
연사 지각

- 상황: 국제 콘퍼런스 메인 연사가 교통 체증으로 30분 늦는다고 연락이 왔다면?
- 대처: "예정된 연사께서 교통 상황으로 도착을 하지 못해 콘퍼런스가 잠시 지연되고 있습니다. 이런 상황을 대비해 우리는 프로그램에 여유를 두었습니다. 다음 세션을 먼저 진행한 후, 연사님 도착 시 원래 예정된 발표를 듣도록 하겠습니다."
- 조치: 공지된 순서에서 변경이 있기에 청중에게 양해를, 뒤 순서로 준비하고 있는 연사에게 먼저 진행이 가능한지 체크 후 양해를 구하고 감사의 마음을 전달할 필요가 있습니다.

[사례]

연사의 발표 시간 초과

- 상황: 20분 발표 예정이었는데 연사가 30분 째 계속 말하고 있다면?
- 시도 방법: 먼저 무대 앞에서 "5분 남았습니다." 카드를 보여줘야 합니다. 그래도 계속 말을 이어간다면 적절한 시기에 "정말 흥미로운 내용이네요. 시간 관계상 이제 마무리를 부탁드리겠습니다. 이후 질문 시간에 더 자세한 내용을 나눌 수 있을 것 같습니다." 라고 말해보세요.
- 방지책: 이후로는 강연을 시작하기 전 "제가 사회자 석에 다시 섰을 때는 강연이 5분 정도 남았다는 것을 의미합니다. 시간 조정을 위해 제가 무대 등단을 하면 5분 내 강연을 마무리해야 한다고 생각하면 됩니다." 라고 웃으며 센스 있게 강의 시작 전 예고 멘트를 해보세요. 연사들도 모두 유쾌하게 해당 내용을 받아들이며 발표 시간을 잘 지킬 것입니다.

청중 관련 문제 대처

[사례]

공격적인 질문자

- 상황: 한 정책 포럼에서 패널에게 계속 적대적인 질문을 던지는 참가자가 있다면?
- 대처: "열정적인 질문 감사합니다. 다양한 관점이 있을 수 있는 주제인 것 같네요. 연사님께서 간략한 답변을 해주시고, 자세한 논의는 행사 후 개별적으로 이어가면 어떨까요? 다른 분들의 질문도 받아보겠습니다."
- 핵심: 모든 의견을 존중하되, 한 사람이 행사를 장악하지 않도록 하는 것입니다.

[사례]
참여도가 낮은 청중

· 상황: 오후 세션이라 모두 졸려 보이고 질문도 없다면?
· 대처: "모두 점심 식사 후라 조금 나른하시죠? 잠시 우리 모두 간단한 활동에 참여해 볼까요? 옆 자리 분과 오늘 배운 내용 중 가장 인상적인 점 하나를 30초간 나눠보세요." 그 후 "어떤 이야기가 오갔는지 두 분 정도만 간단히 공유해 주실 수 있으실까요?"라고 물어보세요. 물론 간단한 기념선물 등이 있으면 동기부여에 좋습니다.
· 조치: "지금 오른손을 드실 수 있는 분?(손 들어주세요!)" 같은 간단한 질문이나, "절대로 나는 손을 들지 않겠다는 분?(손 들어주세요!)" 이런 식으로 위트 있게 질문해보세요. 분위기가 유연해진답니다.

| 행사 진행 중 발생 가능한 위기 상황 유형 |

위기 유형	주요 특성	예시	MC 스크립트 사례
기술적 문제	장비, 시스템 관련 장애	마이크 고장, 영상·음향 문제, 프레젠테이션 오류	"잠시 기술적인 문제가 있는 것 같습니다. 음향 팀에서 확인 중이니 잠시만 양해 부탁드립니다. 이 시간을 활용해 지금까지 논의된 내용을 간략히 정리해 보겠습니다."
인적 문제	사람과 관련된 돌발 상황	연사 지각·불참, 청중 돌발 행동, 내빈 의전 문제	"방금 도착하신 [직함] [이름]님을 진심으로 환영합니다. 특별히 바쁘신 일정에도 불구하고 참석해 주셔서 감사합니다. 현재 진행 중인 세션을 마친 후 [내빈]님의 귀한 말씀을 듣는 시간을 별도로 마련하도록 하겠습니다."

환경적 문제	행사 환경과 관련된 문제	소음, 온도, 조명 문제, 자연재해, 공간 부족	"조명 시스템에 약간의 문제가 있어 조정 중입니다. 조명이 완전히 복구될 때까지 자연광을 최대한 활용하겠습니다. 이제 다음 순서로 [덜 조명에 의존하는 내용]을 먼저 진행하도록 하겠습니다."
프로그램 문제	행사 내용과 관련된 문제	일정 지연, 내용 충돌, 예상 외 반응	"온라인 연결이 일시적으로 불안정한 것 같습니다. 다시 안정적인 연결을 위해 노력 중이니 잠시만 기다려 주시기 바랍니다. 연결이 복구되는 동안 현장에 계신 [다른 패널리스트]님의 의견을 먼저 들어보도록 하겠습니다."

위기를 기회로, MC의 진정한 가치가 드러나는 순간

 행사 진행 중 발생하는 예상치 못한 상황과 위기는 MC에게 도전이자 기회입니다. 이 장에서 다룬 다양한 위기 상황 대처법, 질의응답 세션 운영 기법, 청중 참여 유도 전략, 그리고 실전 사례 분석은 MC가 어떤 상황에서도 행사의 가치를 지키고 더 나아가 높일 수 있는 역량을 기르는 데 도움이 될 것입니다.

 성공적인 위기관리의 핵심은 철저한 사전 준비, 침착한 상황 판단,

유연한 대안 실행, 그리고 투명하고 명확한 커뮤니케이션에 있습니다. 이러한 요소들이 균형 있게 결합될 때, MC는 단순한 진행자를 넘어 행사의 위기 관리자이자 문제 해결사로서의 역할을 성공적으로 수행할 수 있습니다.

위기 상황에서 보여주는 MC의 대응은 청중과 주최 측에게 강한 인상을 남깁니다. 어쩌면 완벽하게 진행된 행사보다, 위기를 슬기롭게 극복한 행사가 더 오래 기억될 수도 있습니다. 위기를 두려워하지 말고, 그것을 통해 자신의 역량을 증명하고 성장하는 기회로 삼으십시오.

MC의 진정한 가치는 모든 것이 계획대로 진행될 때가 아니라, 계획에 없던 상황에서 얼마나 효과적으로 대응하는가에 따라 결정됩니다. 이 장에서 배운 원칙과 기법들을 실전에 적용하면서, 여러분만의 독특한 위기 대응 역량을 키워나가시기 바랍니다.

'가장 큰 위기는 준비되지 않은 MC에게 찾아옵니다. 준비된 MC에게 위기는 자신의 전문성과 가치를 증명할 수 있는 특별한 무대가 됩니다.'

이 장에서는 MC가 직면할 수 있는 다양한 위기 상황을 예측하고, 이에 효과적으로 대응하는 실질적인 방법과 노하우를 살펴보았습니다. 침착함의 유지, 효과적인 질의응답 세션 운영, 청중 참여 유도 기법, 그리고 실제 위기 대응 사례 분석을 통해 MC의 위기관리 역량을 강화할 수 있는 내용을 체계적으로 정리했습니다. 표와 사례, 구체적인 스크립트 예시를 통해 실무에서 바로 활용할 수 있는 실용적인 지식을 제공하고자 했습니다.

이 내용이 MC들이 돌발 상황에서도 자신감을 갖고 행사의 가치를 높이는 데 도움이 되기를 바랍니다.

제7장

프로 MC로 성장하기 위한 자기 계발

프로 MC로 성장하기 위한 비즈니스 전략

 자신의 특화 분야를 정해보세요. 모든 행사를 진행하기보다는 한 분야에서 전문가가 되는 것이 좋습니다. 저는 초기에 기업 행사와 콘퍼런스에 집중했어요. 이후 기술 창업가 출신답게 스타트업 창업 토크쇼 진행으로 특화했죠.
 스타트업 출신의 강점을 살려 IR피칭 전문 MC로 성장하며, 행사 전 기업의 사업계획서를 꼼꼼히 공부하고, 산업 용어를 정확하게 익혀 진행한 경험은 저만의 브랜드 스토리를 완성하는 계기가 되었습니다. 그 결과 중소벤처기업부가 주최한 스타트업 IR피칭 경진대회의 대표격인 '웰컴투 팁스'와 한국한림공학원 주최 '비욘드 팁스'를 비롯한 수많은 IR피칭 대회와 스타트업 토크콘서트를 십수 년째 진행했습니다.
 저는 벤처교육법인 ㈜제이컴즈의 대표로서 중소벤처기업부 주최 '스마트벤처캠퍼스' 동남권 1기 우수 졸업생입니다. 기술특허 및 저작권 등 지식재산권을 20여 건 보유했고 다수의 R&D국가과제를 수행했기에 스타트업의 생태계와 기술용어 등을 아주 잘 알고 있습니다. 따라서 '아나운서 출신 기술 창업가'라는 강점으로 확고한 스타트업 MC브랜딩을 할 수 있었죠.

중소벤처기업부 주최 박영선 장관과 함께하는 '비욘드 팁스'

뛰어난 MC는 모두 고유한 스토리와 스타일이 있습니다. 친근하고 유쾌한 사람, 차분하고 신뢰감 있는 사람, 에너지 넘치는 사람 등 당신만의 개성을 발굴하고 발전시키는 것이 MC로 성장하는 첫걸음입니다.

자신만의 MC 브랜드 만들기

먼저, 자신만의 스토리를 만드세요. '방송인 출신으로 현장감 있는 진행'이나 '이중 언어 능력으로 국제 행사 특화 진행', '소프라노 출신 아나운서로 전문성 있는 음악회 진행' 같이요. 모든 뛰어난 MC에게는 고유한 스타일이 있습니다. 누군가는 친근하고 유머러스한 스타일로, 누군가는 차분하고 지적인 분위기로, 또 다른 이는 열정적이고 에너지 넘치는 방식으로 행사를 이끕니다. 중요한 것은 자신만의 고유한 스타일을 발견하고 발전시키는 것입니다.

특화 분야를 꼭 정해보세요. 차후에는 모든 행사를 잘 진행하는 MC라는 브랜딩보다는 한 분야에서 전문가가 되는 것을 추천합니다. 앞서 언급한 것처럼 저는 스타트업 창업가 출신으로 IR피칭 경진대회나 투자 로드쇼 등 창업관련 행사의 전문가로 브랜딩했습니다.

'스타트업 IR 피칭데이'를 진행할 때였습니다. 이 행사는 해양 분야 스타트업 10개 팀이 투자자들 앞에서 사업 아이템을 발표하고 투자를 유치하는 자리였습니다.

이 행사의 특별한 점은 전문적인 해양 분야 지식이 필요했다는 점입니다. 저는 행사 2주 전부터 참가 기업들의 사업계획서를 받아 검토하고, 해양 산업 용어와 기술 트렌드를 공부했습니다. 특히 '스마트 해양플랜트', '해양 바이오 자원화' 등 전문 용어들을 정확히 발음하고 이해하는 데 집중했습니다.

행사 당일, 각 기업별로 5분간의 발표 시간과 2분간의 Q&A 시간을 엄격하게 관리하는 것이 중요했습니다. 발표자들이 긴장하지 않도록 밝은 표정으로 소개하고, 시간이 임박했을 때는 카드를 보여주며 조용히 신호를 보냈습니다. 특히 투자자들의 예리한 질문에 발표자들이 당황할 때는 "좋은 질문에 감사드립니다. 조금 더 구체적으로 답변해 주실 수 있을까요?"라고 중간에서 자연스럽게 연결해 주었습니다.

모든 발표가 끝난 후에는 네트워킹 세션을 진행했는데, 투자자와 창업가들 사이에서 자연스러운 대화가 이어지도록 공통 관심사를 찾아 소개해주는 역할을 했습니다. 이 행사를 통해 실제로 3개 기업이 투자 유치에 성공했고, 주최 측으로부터 '전문적인 용어와 내용을 능숙하게 다루어 행사의 완성도를 높였다'는 평가를 받았습니다.

이렇듯 자신만의 스토리를 꼭 만들어 보세요.

중소벤처기업부 주최 박영선 장관과 함께하는 'K-유니콘 프로젝트'

| MC 브랜딩 스타터 전략 |

브랜딩 스타터 팁	
특화 분야를 선정	예) 국제 행사, 창업, 토크쇼, 클래식 등
본인만의 스토리 부여	"방송인 출신", "영어·중국어 특화", "소프라노 출신 음악회 MC" 등
일관성 있는 시그니처 멘트나 행동 개발	"지금부터 출발합니다!"

저도 처음에는 방송을 잘하기 위해서 다른 유명 MC들의 말하기 방법, 토크쇼 진행 스타일 등을 모방하려고 했습니다. 물론 처음에는 진행스킬을 익히는 데 가장 좋은 공부방법입니다. 하지만 시간이 어느 정도 지나면서 자신만의 스타일이 나오게 되는데요, 이때는 자연스럽게 타인의 스타일을 완벽히 복제하는 것보다 나만의 강점을 살리는 것이 더 효과적이라는 사실을 알게 됩니다.

유명 MC들의 말하기 및 진행법을 모방해보는 것은 초기에 도움이 되지만, 점차 자신의 색깔로 승화시키는 과정이 필요합니다. 자신만의 MC 페르소나를 찾고 강점을 구조화하는 것이 '프로'로 가는 길입니다.

자신만의 스타일을 찾기 위한 첫 단계는 '자기 분석'입니다. 나의 강점은 무엇인가?, 열정적인 에너지인가?, 차분한 신뢰감인가?, 아니면 친근한 유머 감각이 있는가?, 내가 가장 편안하게 느끼는 소통 방식은 무엇인가? 등 이런 다양한 질문을 통해 자신만의 MC 페르소나를 발견할 수 있습니다.

저는 오랜 시간 자기 분석을 통해, 제 강점이 '전문성과 친근함의 균형'이라는 것을 발견했습니다. 저는 라디오 프로그램을 오랫동안 진행했기에 복잡한 내용도 쉽게 설명하고, 격식 있는 행사에서도 따뜻한 인간미를 잃지 않는 것이 제 강점이라는 것을 잘 알고 있었습니다.

TV프로그램은 배경영상이 있기에 말하기는 그 영상을 보조하는 수단일 뿐이지만, 라디오 프로그램은 귀로 듣는 매체이기 때문에 모든 상황을 구체적으로 잘 설명해야 합니다. 그래서 저는 쉽게 잘 설명하는 강점이 있었던 거죠.

라디오는 귀로 듣는 매체이기에 목소리의 차분함과 공명 등 편안한 음성을 연출하기 위해서도 노력했습니다. 이러한 목소리 훈련을 통해 청중들에게는 친근함의 목소리로 다가갈 수 있었습니다. 이런 스타일은 특히 공식적인 행사와 교육적 내용이 포함된 콘퍼런스 등에서 효과적입니다.

| MC 자기분석 가이드 |

자기 분석 가이드
나의 강점 · 성향 · 소통 스타일 질문하기
다양한 경험 시도, 예상 밖의 재능 발견
주최자 · 참가자 · 가족 등 다양한 피드백 적극 수용

다양한 경험을 통한 실험

다양한 유형의 행사를 다양한 규모의 청중 앞에서 진행해보면서 어떤 상황에서 내 스타일이 가장 빛나는지 알 수 있습니다. 처음에는 불편하더라도 새로운 접근법을 시도해보세요. 그 과정에서 예상치 못한 자신의 재능을 발견할 수 있습니다.

저는 주로 공식 행사와 콘퍼런스를 진행했지만, 한번은 국립부산과학관 및 루트아이앤씨 주최 'HELLO MAKER KOREA'라는 어린이 대상 과학 축제의 MC를 맡게 되었습니다. 처음에는 제 스타일과 맞지 않을까 걱정했지만, 오히려 아이들과 소통하는 과정에서 제 안에 있던 유쾌하고 호기심 많은 면이 드러났습니다. 말투 자체도 약간은 익살스럽게 아이들의 눈높이에 맞는 말투를 사용했습니다. 이 경험은 이후 성인 대상 행사에서도 딱딱한 내용을 더 흥미롭게 전달하는 데 도움이 되었습니다.

국립부산과학관 주최 'HELLO MAKER KOREA'

피드백의 적극적 수용

자신의 스타일을 객관적으로 보는 것은 어렵습니다. 동료, 멘토, 그리고 청중의 피드백을 통해 자신의 강점과 약점을 더 명확히 알 수 있습니다.

저는 행사 후에 항상 주최 측이나 참가자들에게 솔직한 피드백을 요청합니다. 가족에게도 피드백을 요청하기도 합니다. 한번은 저의 행사를 직접 참관한 남편이 '말의 속도가 조금 빠르다'는 피드백을 했고, 의식적으로 중요한 내용에서는 속도를 늦추는 연습을 했습니다. 또 다른 때는 '에너지가 너무 높아서 일부 참석자들이 부담을 느낄 수도 있겠다'는 의견을 들었고, 행사의 성격에 따라 에너지 레벨을 조절하는 법도 연구했습니다.

자신만의 시그니처 요소 개발

이것은 특별한 인사말, 마무리 문구, 반복되는 제스처, 또는 독특한 프레젠테이션 방식이 될 수 있습니다. 이런 시그니처 요소는 브랜드가 되어 사람들이 여러분의 진행을 기억하고 식별하는 데 도움이 됩니다.

행사를 시작할 때는 항상 "오늘 이 자리에 함께해주신 여러분이 있어 이 행사가 더욱 빛납니다."라는 문구로 시작하고, 마무리할 때는 "오늘의 만남이 내일의 성장으로 이어지길 바랍니다."라는 말로 마무리하는 식으로요. 이런 일관된 표현들이 브랜드의 일부가 될 수 있습니다.

라디오 프로그램 진행자들이 많이 사용하는 스킬 중 하나를 소개합니다. 'CBS 김현정의 뉴스쇼'를 저는 매일 청취하는데요, 그녀는 '김현정의 뉴~스쇼~ /// 출발합니다!' 라고 매일 똑같은 톤앤 매너로 오프닝을 엽니다. 이 말은 프로그램의 시작을 여는 그녀의 시그니처 멘트가 되었습니다. MBC '배철수의 음악캠프'의 배철수 DJ도 마찬가지입니다. '배철수의 음악캠프~ /// 출발합니다!'라는 멘트는 30년째 계속되고 있습니다.

나만의 스타일을 찾는 것은 하루아침에 이뤄지지 않습니다. 끊임없는 자기 성찰, 실험, 그리고 발전의 과정을 통해 점차 형성됩니다. 그리고 그 과정 자체가 MC로서의 여정을 더욱 풍요롭게 만듭니다.

| MC 브랜딩 실전전략 |

브랜딩 전략	실전 적용 예시
특화 분야 결정	예) 창업 IR, 국제행사, 시상식 등 특정 분야 집중
스토리 개발	예) '창업가 출신 MC로 전문성 어필'
피드백 수용	행사 후 설문, 가족·동료 평가, 영상 분석 등
시그니처 요소	고유 인사말·마무리 멘트·특유 제스처

실전을 통한 성장, 경험이 최고의 스승

MC 기술은 책이나 이론으로만 익힐 수 없습니다. 실질적으로 이론 서적이 없었기에 제가 지금 이 책을 쓰고 있기도 합니다. MC 기술은 실전 경험을, 그것도 다양한 경험을 많이 쌓아야 진정한 성장이 이루어집니다. 20여 년이 훌쩍 넘는 진행 경험을 통해 저는 '실전이 최고의 학교'라는 사실을 깨달았습니다. 실전 경험은 예측 불가한 상황에서의 대처 능력과 각양각색의 청중 속 소통력, 그리고 진정한 자신감을 길러줍니다.

| 실전 돌발 상황의 종류 |

실전에서 생길 수 있는 돌발 상황
마이크 고장
내빈 지각
프로그램 시간 변동
국민의례 음향문제, 무대 소품 사고 등

실전 경험의 가치 1 │ 예측 불가능한 상황에 대처하는 능력

아무리 철저히 준비해도 모든 상황을 예측할 수는 없습니다. 마이크가 갑자기 고장 나거나, 중요한 내빈이 지각하거나, 프로그램이 예상보다 일찍 끝나고, 예상보다 늦게 끝나며, 국민의례 배경음악 파일이 튀기도 하고, 태극기가 바람에 넘어지기도 하며, 시나리오 원고가 바람에 날아가기도 하는 등 수백 수천가지의 돌발 상황은 책에서 배울 수 없는 대처 능력을 요구합니다.

한번은 의전행사에서 국민의례 시 '국기에 대한 맹세' 내레이션 음악 파일이 재생 시, 갑자기 튀기 시작했습니다. 그래서 저는 음향을 내려주길 요청했고 육성으로 "나는 자랑스러운 태극기 앞에 자유롭고 정의로운……."이라며 직접 국기에 대한 맹세를 낭독하고 국민의례를 마무리 했습니다. 행사장에 있는 참여자들은 저의 임기응변 능력에 감탄했습니다.

그리고 부산광역시 교육청이 주최한 부산수학문화관 건립 기공식에서는 야외행사라 태극기가 강한 바람에 넘어졌습니다. 이 상황에서도 저는 침착하게 대처했습니다. 저는 이런 일이 생길 것이라고 예상도 못 했습니다. 당연히 어느 책에서도 이러한 사고가 일어나면 이렇게 대응해라고 나와 있지 않습니다. 이런 위기 대처 능력은 오직 실전경험을 통해서만 길러집니다. 실전이 최고의 교육임을 보여줍니다.

국민의례를 위해 태극기가 비치되어 있는 의전행사 현장

> **실전 경험의 가치 2** 다양한 청중과 소통하는 법

책에는 '청중과 눈 맞춤을 하라'고 되어 있지만 500명이 모인 콘퍼런스와 10명이 모인 워크숍에서의 눈 맞춤은 전혀 다릅니다. 또한 어린이, 청소년, 성인, 노인 등 다양한 연령대의 청중, 그리고 다양한 배경과 관심사를 가진 청중과 소통하는 방법은 경험을 통해서만 진정으로 배울 수 있습니다.

저는 한 해에도 2백여 회가 훌쩍 넘는 공공기관 행사, 기업 행사, 학술 콘퍼런스, 축제 등 다양한 성격의 행사를 진행합니다. 각각의 경험이 저의 소통 능력을 다듬고 확장시켰습니다. 예를 들어, 어린이 과학 축제에서 배운 쉽고 재미있게 설명하는 기술이 나중에 복잡한 기술 콘퍼런스에서도 유용하게 활용되었습니다.

실전 경험의 가치 3 · 자신감 구축

부산MBC 주최 '제야의 밤' 음악회

다양한 상황에서의 성공과 실패 경험이 쌓이면서 '나는 이런 상황도 해낼 수 있다'는 자신감이 형성됩니다. 이 자신감은 다시 더 나은 퍼포먼스로 이어지는 선순환을 만듭니다. 경험이 쌓이면서 자신감도 자연스럽게 붙습니다.

부산MBC 및 부산문화회관 주최 '제야의 밤 음악회'를 진행했을 때입니다. 대형 콘서트홀인 부산문화회관에서 약 3,000여 명 이상의 청중 앞에 섰을 때의 떨림은 아직도 기억합니다. 하지만 그 경험 이후, 비슷한 규모의 행사에서는 훨씬 편안하게 진행할 수 있었습니다. 경험이 쌓일수록 '이런 상황에서는 이렇게 하면 된다'는 내적 지침이 형성되고 이것이 자신감의 원천이 됩니다.

대형 무대의 첫 떨림, 청중과 아이콘택트의 차이, 다양한 연령대 및 배경의 소통 방식 등은 늘 현장에서 배우게 됩니다. 두려움을 극복하고, 새로운 기회를 자꾸 만들어 보세요. 실전 경험을 쌓기 위한 구체적인 방법으로는 다음과 같은 것들이 있습니다.

| 진행의 실전경험 쌓기 |

실전 경험 쌓는 법	추천 이유
소규모 모임 · 사내 행사부터 자원하기	실패 부담 적음, 실험 및 연습에 최적
여러 유형 · 규모 행사 경험	다양한 청중, 행사 흐름, 위기 경험
실패를 두려워 말기, 피드백 적극 활용	실패 경험이 오히려 큰 성장 자양분
녹음 · 녹화 후 자기 분석하기	스스로 문제점 발견 및 개선
경험자(멘토)에게 조언 구하기	실무적 문제 해결 · 노하우 전수

작은 것부터 시작하세요.

회사 내 소규모 미팅, 동호회 모임, 지역 커뮤니티 행사 등에서 진행을 자원하세요.

다양한 유형의 행사를 경험하세요.

공식 행사, 네트워킹 이벤트, 교육 세미나, 축하 행사 등 다양한 성격의 진행을 시도해보세요.

실패를 두려워하지 마세요.

모든 실패는 값진 교훈이 됩니다. 진행이 완벽하지 않았다고 자책하기보다는 그 경험에서 무엇을 배웠는지 성찰하세요.

녹화(녹음)와 피드백을 활용하세요.

가능하다면 자신의 진행을 녹화하고 분석하세요. 녹화가 어렵다면 녹음이라도 꼭 해보세요. 그리고 참석자나 동료들에게 솔직한 피드백을 요청하세요.

멘토를 찾거나 워크숍에 참여하세요.
   경험 많은 MC의 조언이나 전문적인 트레이닝은 실전 경험을 더욱 가치 있게 만듭니다.

   MC로서의 성장은 끊임없는 도전과 학습의 여정입니다. 그리고 그 여정에서 가장 값진 스승은 바로 실전 경험입니다. 두려움을 극복하고 다양한 기회에 도전하세요. 그 과정에서 얻는 모든 경험이 여러분을 더욱 뛰어난 MC로 만들어줄 것입니다.

지속적인 자기계발,
끊임없이 배우는 MC

 탁월한 MC가 되기 위한 길에는 끝이 없습니다. 저는 20여 년이 넘는 방송 및 진행 경력에도 불구하고 여전히 매일 배우고, 성장하려고 노력합니다. 경력과 상관없이 매일 새롭게 성장하려는 태도가 최고의 자산입니다. 지속적인 자기 계발이야말로 최고의 MC가 되는 비결입니다.

| 지속적인 자기계발 필요성 |

자기 계발 키워드	
말하기 · 소통 기술 훈련	발성, 호흡, 스토리텔링
시사 · 전문지식 습득	뉴스, 신간 서적, 트렌드 공부
타 MC · 연사 관찰	TV, 유튜브, 현장 직접 분석
피드백과 자기평가	행사 후 설문, 영상, 노트 기록
새로운 유형 도전	온라인행사, 국제행사, 공공기관, 어린이 등
전문교육 · 자격증	공식 과정이나 인증 취득
건강 · 목소리관리	수면, 운동, 온 음료, 차가운 음식 피하기

말하기와 소통의 기술

발음, 발성, 호흡 관리, 비언어적 소통, 스토리텔링 등 말하기와 관련된 모든 요소를 지속적으로 연마해야 합니다.

중요한 프레젠테이션 등이 있다면 시나리오를 작성하고 전체 녹음을 한 후 계속해서 모니터링을 통해 저의 말하기 습관을 점검합니다. 한번은 모니터링 결과 제가 '그래서'라는 습관어를 너무 많이 쓰는 것을 알고 이를 개선하기 위해 집중적으로 연습했습니다. 작은 개선이지만, 이런 노력들이 모여 전체적인 소통 능력을 향상시킵니다.

지식과 시사 이해

MC는 다양한 주제의 행사를 진행하게 되므로, 폭넓은 지식과 시사 감각이 필요합니다. 특히 자신이 주로 진행하는 분야에 대해서는 깊이 있는 이해가 요구됩니다.

저는 매일 아침 주요 뉴스와 트렌드를 체크하는 습관이 있습니다. 또한 매달 한 권 이상의 새로운 분야의 책을 읽으려고 노력합니다. 최근에는 AI와 디지털 전환에 관한 책을 집중적으로 읽는데, 이는 IT 콘퍼런스를 진행할 때 큰 도움이 됩니다. 진행하는 주제에 대한 기본적인 이해가 있으면, 행사의 흐름을 더 잘 파악하고 연사와의 소통도 원활해집니다.

다른 MC와 발표자 관찰하기

우수한 MC와 연사들의 기술을 관찰하고 배우는 것은 매우 효과적인 학습 방법입니다.

저는 기회가 될 때마다 다른 전문 MC, 예를 든다면 유재석, 김성주, 전현무, 장성규 아나운서의 진행을 관찰합니다. 그 외에도 TV 프로그램, 유튜브 영상, 그리고 직접 참석한 행사에서 아나운서들이 어떤 기법의 스피치를 활용하는지, 어떤 언어와 몸짓을 사용하는지 주의 깊게 살펴봅니다.

한번은 한 개소식 행사에 청중으로 참석했을 때입니다. 해당 행사의 MC가 청중들과 소통하는 방식에 큰 감명을 받아 향후 제 스타일에 일부 도입하여 활용한 적이 있습니다. 경력이 오래 됐다고 공부를 멈추면 안 되는 이유 중의 하나입니다.

피드백 수집과 자기 평가

지속적인 성장을 위해서는 객관적인 피드백과 정직한 자기 평가가 필수적입니다.

저는 행사 후에 주최 측에 항상 피드백을 요청합니다. 또한 가능하다면 행사 영상 또는 사진을 받아 제 진행을 객관적으로 평가합니다. 특히 중요한 행사 후에는 '자기 평가 노트'에 잘한 점과 개선할 점을 상세히 기록합니다. 이런 습관은 같은 실수를 반복하지 않고 지속적으로 발전하는 데 큰 도움이 됩니다.

새로운 도전과 실험

편안한 영역에만 머물러 있으면 성장이 정체됩니다. 새로운 유형의 행사, 새로운 청중, 새로운 기술을 시도해보는 것이 중요합니다.

저는 매년 적어도 한 번은 이전에 해보지 않은 유형의 행사를 진행하려고 노력합니다. '코로나19' 팬데믹 시기 온라인과 오프라인을 결합한 하이브리드 형태의 글로벌 콘퍼런스를 많이 진행했습니다. 디지털 도구 활용법과 온라인 참가자와의 소통 방법 등, 많은 것을 새롭게 배우는 기회였습니다.

각종 랜선 행사 '유튜브' 영상 송출 현장

다양한 분야의 전문적인 교육

 체계적인 교육과 전문 자격증은 MC로서의 전문성을 높이는 데 도움이 됩니다.

 저는 기술 창업가 출신이기 때문에 창업가의 지식을 기반으로 한 '기술 기반 스타트업 투자' 관련 행사를 많이 진행 하고 있습니다. 지금은 소상공인을 지원하는 사업이 증가해 '강한 소상공인 지원 사업' 등의 창업행사가 많아졌습니다. 따라서 저는 소상공인시장진흥공단 주최 '상권전문 관리자 양성과정' 공식교육을 150시간 이수했습니다. 이렇듯 교육이수와 자격증 취득 등은 유연한 행사진행의 지식함양과 전문성을 인정받는 데 큰 도움이 됩니다.

건강과 컨디션 관리

MC는 육체적, 정신적 에너지가 필요한 직업입니다.

저는 규칙적인 운동, 충분한 수면, 목 건강을 위한 건강관리를 중요하게 생각합니다. 특히 중요한 행사 전에는 목소리 관리를 위해 따뜻한 물을 자주 마시고, 너무 차거나 자극적인 음식은 피합니다. 또한 마음의 안정을 위해 명상을 하거나 충분한 준비 시간을 확보합니다. 평소에 건강한 목소리를 지키기 위해 '무심코 고함을 지르는 행위 지양하기', '매운 음식 먹지 않기', '차가운 물이 아닌 따뜻한 물 마시기' 등 생활 습관을 개선하기 위한 루틴을 매일매일 지켜보세요.

'성공적인 MC는 완벽함이 아니라, 항상 배우고 발전하는 자세에서 탄생합니다. 실수와 실패를 성장의 자산으로 삼으세요.'

| 자기계발을 위한 실천 방법 |

자기 계발 실전 팁
습관어(예: "그래서") 모니터링 후 의식적 개선
매일 아침 뉴스 · 신간 체크 루틴 만들기
피드백을 꾸준히 메모하며 문제점 개선
매년 새로운 행사 도전, 다양한 연령 · 형태 경험
목 · 건강관리 생활 루틴 만들기

지속적인 자기계발은 단순히 더 많은 지식과 기술을 쌓는 것이 아닙니다. 그것은 MC로서, 그리고 한 사람으로서 더 나은 버전의 자신이 되기 위한 끊임없는 여정입니다. 이 여정에는 끝이 없지만, 그 과정 자체가 가치 있고 보람찬 경험이 됩니다.

전문성 있는 MC는 청중에게 메시지의 의미를 명확하게 전달하고, 행사의 흐름을 자연스럽게 이어주는 '소통의 조력자'입니다. 여기서 제시한 브랜딩, 경험, 자기계발 전략을 실천하면서 자신만의 스타일로 가장 빛나는 무대를 만들어 가시길 바랍니다.

지금까지 MC가 되기 위한 여정을 함께 살펴보았습니다. 말하기의 기본부터 행사 진행의 노하우, 장르별 진행공식, 돌발 상황 대처법, 그리고 지속적인 성장을 위한 자기계발 방법까지, MC가 알아야 할 핵심 내용들을 담았습니다.

이 책을 읽으시는 여러분 중에는 'MC'라는 직업을 본격적으로 시작하려는 분도 있을 것이고, 회사에서 갑자기 행사 진행을 맡게 되어 급히 정보를 찾는 분도 있을 것입니다. 또한 이미 MC로 활동 중이지만 더 전문적으로 성장하고 싶은 분도 있을 것입니다. 어떤 상황이든, 이 책이 여러분의 여정에 실질적인 도움이 되길 바랍니다.

MC는 단순한 진행자가 아닙니다. MC는 행사의 에너지를 만들고, 참석자들의 경험을 디자인하며, 예상치 못한 상황에 대처하는 멀티 플레이어입니다. 그리고 무엇보다, MC는 사람과 사람, 정보와 청중, 과거와 미래를 연결하는 다리 역할을 합니다.

아마도 여러분은 첫 번째 MC 경험에서 떨리는 마음과 불안감을 느낄 수도 있습니다. 그것은 자연스러운 감정입니다. 저도 20여 년이 훌쩍 넘는 경력에도 불구하고 여전히 중요한 행사 전에는 긴장합니다. 하지만 그 긴장감은 더 이상 두려움이 아니라, 더 나은 퍼포먼스를 위한 에너지가 되었습니다.

이 책에서 소개한 기술과 노하우를 하루아침에 완벽하게 습득할 수는 없을 것입니다. 하지만 반복적인 연습과 실전 경험을 통해 점진적으로 발전하게 될 것입니다. 중요한 것은 시작하는 것, 그리고 지속하는 것입니다.

여러분의 첫 걸음이 어디서부터 시작되든, 포기하지 말고 끊임없이 도전하세요. 매 경험이 여러분을 더 나은 MC로 성장시킬 것입니다. 그리고 언젠가 여러분도 무대 위에서 자신감 넘치는 모습으로 청중을 사로잡는 순간을 경험하게 될 것입니다.

마지막으로, MC로서의 여정에서 가장 중요한 것은 '진정성'입니다. 기술과 노하우도 중요하지만, 청중과 진심으로 소통하고자 하는 마음가짐이 가장 핵심입니다. 진정성 있는 태도는 어떤 실수나 부족함도 상쇄할 수 있는 강력한 힘을 가지고 있습니다.

이 글이 MC를 꿈꾸거나 행사 진행 기술을 향상시키고자 하는 분들에게 유용한 길잡이가 되길 바랍니다. 저의 경험과 지식이 담긴 이 책이 여러분의 MC 여정에 작은 이정표가 되기를 희망합니다. 여러분만의 고유한 스타일과 강점을 발견하고 발전시켜 언제 어디서든 분위기를 사로잡는 MC로 성장하시길 바랍니다.

여러분 모두가 각자의 무대에서 빛나는 MC가 되길 진심으로 응원합니다.

2025년 여름
김정아 드림

부록 1
행사장 현장 체크리스트

공식의전행사 MC는 행사장에 도착하기 전부터 행사 시작 전부터 행사 마무리 후까지 끊임없는 준비의 연속이죠. 제가 20여 년의 현장 경험으로 꼭 체크해야하는 부분 등을 정리해보았습니다. 미리 준비할수록 현장에서의 스트레스가 줄어든답니다. 잊지 마세요! 철저한 준비가 완벽한 진행을 만듭니다.

- 행사 1~2일 전: 행사 담당자와 최종 확인 통화
- 행사 당일: 최소 90분 ~ 120분 전 도착
- 행사 직전 30분: 모든 체크리스트 완료
- 행사 중: 타임키퍼와 지속적 소통
- 행사 후: 10분 내 담당자와 간단한 디브리핑

| 행사장 도착 전 준비물 체크리스트 |

체크	항목	세부 내용
☐	대본 준비	큰 글씨로 인쇄, A4단면 인쇄, 여분 준비
☐	복장 준비	의전 행사에 적합한 정장, 드레스코드 확인
☐	비상용품	목캔디, 립밤, 손수건, 여분의 펜, 휴대폰 충전기
☐	연락처 확인	행사 담당자, 기술 담당자, 의전 담당자 연락처 저장
☐	교통편 확인	행사장 위치, 주차 정보, 도착 예정 시간 계획

| 행사장 도착 직후 체크리스트 |

| 행사 전체 정보 최종 확인

체크	항목	세부 내용
☐	진행 순서 확인	최종 타임테이블 확인 각 순서별 소요 시간 체크 조정 가능한 순서 파악
☐	내빈 리스트 확인	VIP 명단 및 도착 예정 시간 불참·추가 내빈 체크 직함과 이름 발음 확인 내빈 소개 순서 확인
☐	좌석 배치 확인	VIP 좌석 위치 확인 이름표 확인 좌석 안내 담당자와 소통
☐	행사 담당자 미팅	주요 사항 최종 확인 특별 요청사항 체크 돌발 상황 대응 방안 논의

| 무대 및 기술 환경 체크

체크	항목	세부 내용
☐	마이크 테스트	메인·백업 마이크 작동 확인 음량과 음질 체크 배터리 상태 확인 최적 사용 위치 파악
☐	무대 동선 확인	입·퇴장 위치 확인 위험요소 체크 발표자·수상자 대기 위치 포디움 높이 확인
☐	조명 상태 확인	MC 위치 조명 체크 눈부심 확인 조명 담당자와 신호 방법 조율

| 진행 관련 세부 사항 체크

체크	항목	세부 내용
☐	시상·증정품 확인	상패, 꽃다발, 기념품 위치 전달 방식 확인 동선 확인
☐	의전 행사 확인	테이프 커팅, 제막식, 서명식 등 절차 소품 준비 상태 참여자 위치와 순서
☐	통역 서비스 확인	통역사와 소통 방식 발언 속도 조율 장비 상태 확인
☐	프로그램 자료 확인	배포용 자료 내용 점검 MC 소개 내용 확인 QR코드 등 디지털 자료 작동 여부

| 비상 상황 대비 확인

체크	항목	세부 내용
☐	비상 연락망 확인	담당자별 위치 및 연락처 소통 방법 확인(인이어, 무전기) 신호 체계 확립
☐	돌발 상황 대처법	내빈 지각 시 대응안 기술 문제 시 대체 진행안 시간 조정 방안
☐	대기 공간 확인	MC 대기실 위치 개인 물품 보관 장소 화장실 위치
☐	응급 상황 대비	응급 연락처 비상구 위치 의료진 위치

| 행사 직전 최종 체크리스트 (30분 전) |

체크	항목	세부 내용
☐	개인 상태 점검	복장·헤어·메이크업 확인 목 상태 확인 및 물 마시기 화장실 다녀오기 심호흡으로 마음 안정
☐	자료 최종 확인	대본 및 진행 순서 내빈 명단과 직함 시계·타이머 확인
☐	담당자 최종 소통	내빈 도착 상황 변동 사항 체크 신호 방법 재확인
☐	무대 최종 점검	무대 정리 상태 마이크 최종 점검 물·필기구 배치 확인
☐	행사 시작 준비	시작 큐 확인 첫 내빈 소개 준비 개회 멘트 최종 확인

| 행사 종료 후 체크리스트 |

체크	항목	세부 내용
☐	피드백 수집	행사 담당자와 평가 미팅 개선점 논의 긍정적 피드백 확인
☐	개인 물품 확인	대본 및 개인 소지품 수거 행사장 비품 반납
☐	감사 인사	주요 담당자들에게 감사 인사 향후 협업 가능성 논의
☐	자기 평가	잘한 점·개선점 메모 새롭게 배운 점 기록 다음 행사 적용점 정리

| 상황별 비상 대응 체크리스트 |

체크	상황	대응방안
☐	마이크 고장	백업 마이크 사용 음향 담당자에게 신호 "잠시 기술적 문제가 발생했습니다." 멘트 사용
☐	내빈 지각	행사 순서 조정 다른 프로그램 앞당기기 청중 대상 소통 활동으로 시간 활용
☐	프로그램 오류	담당자와 신속 소통 구두 설명으로 대체 예비 자료 활용
☐	시간 초과	불필요한 내용 축소 발표자에게 시간 신호 휴식 시간 조정
☐	갑작스런 일정 변경	변경사항 명확히 안내 인쇄물과 차이점 설명 혼란 최소화 멘트 준비

부록 2
장르별 진행 체크리스트

장르별 진행 체크리스트는 각 장르별 행사를 준비하고 진행하는 데 있어 기본적인 가이드라인으로 활용할 수 있습니다. 물론 각 행사의 특성과 상황에 맞게 조정하고 확장하여 사용하시길 권장합니다. 거듭 말씀드리지만 철저한 준비와 현장에서의 유연한 대응이 조화를 이룰 때, 진정한 프로페셔널 MC로서의 역량이 빛을 발하게 될 것입니다.

| 공식 의전 행사 체크리스트 |

체크	항목	세부 내용
☐	사전준비	주제와 관련된 배경 정보 수집 패널 참가자 프로필 및 전문 분야 숙지 주요 질문 및 논점 준비 패널들과 사전 소통 및 기대사항 조율 토론의 흐름과 시간 배분 계획 수립
☐	행사당일	패널 참석 확인 및 간단한 사전 미팅 마이크 시스템 및 좌석 배치 확인 청중 참여 방식 점검 (질문 카드, 마이크 등) 토론의 균형과 흐름 관리 계획 재확인 돌발 질문이나 논쟁 상황에 대한 대비책 마련
☐	행사 후	논의된 주요 내용 요약 및 정리 패널들에게 피드백 요청 및 감사 인사 미처 다루지 못한 질문에 대한 후속 계획 수립

| 시상식 체크리스트 |

체크	항목	세부 내용
☐	사전준비	각 상의 의미와 선정 기준 파악 수상자 명단, 공적 내용, 약력 확인 시상자 명단 및 소개 내용 준비 상패, 트로피, 꽃다발 등 시상품 준비 상태 확인 수상자 및 시상자 동선 계획 수립
☐	행사당일	수상자 출석 상태 최종 확인 시상품 위치 및 전달 방식 점검 사진 촬영 위치 및 방법 확인 시상자 입장 타이밍 조율 수상 소감 시간 관리 계획 점검
☐	행사 후	누락된 수상자가 없는지 확인 촬영된 사진 및 영상 확인 수상자 및 시상자에게 감사 인사 전달

| 국제 행사 체크리스트 |

체크	항목	세부 내용
☐	사전준비	통역 서비스 필요 여부 및 준비 상태 확인 주요 참가국의 문화적 예의와 금기 사항 파악 외국인 연사 및 내빈의 이름 발음 확인 다국어 진행 멘트 준비 및 연습 통역사와 사전 미팅 및 주요 용어 공유
☐	행사당일	통역 장비 작동 상태 확인 외국인 참가자를 위한 안내 표지 및 자료 점검 문화적 다양성을 존중하는 환경 조성 언어 장벽을 고려한 말하기 속도 조절 국제 참가자들의 참여 기회 보장
☐	행사 후	다양한 문화권 참가자들의 피드백 수집 언어 및 문화적 측면에서의 개선점 파악 국제 네트워킹을 위한 후속 조치 지원

| 자선 및 사회공헌 행사 체크리스트 |

체크	항목	세부 내용
☐	사전준비	단체의 미션, 활동, 성과에 대한 이해 수혜자 이야기 및 구체적 사례 수집 후원 방법 및 참여 방식 숙지 감동적인 스토리텔링 포인트 준비 존중과 배려가 담긴 언어 선택 및 연습
☐	행사당일	감동적 순간을 위한 타이밍 계획 점검 후원 참여 방법 안내 자료 확인 수혜자 참석 시 특별한 배려 준비 자원봉사자 및 후원자 격려 계획 점검 행사 목적에 맞는 분위기 조성 확인
☐	행사 후	모금 성과 및 참여 현황 파악 주요 후원자 및 자원봉사자에게 감사 인사 후속 참여를 위한 정보 전달 확인

| 기업 행사 체크리스트 |

체크	항목	세부 내용
☐	사전준비	기업의 비전, 미션, 핵심 가치 파악 브랜드 톤 앤 매너에 맞는 언어 스타일 연구 주요 성과 및 발표 내용 이해 관련 산업 트렌드 및 전문 용어 숙지 다양한 이해관계자를 고려한 소통 전략 수립
☐	행사당일	기업 CI·BI 활용 상태 확인 발표자료 및 영상 최종 점검 주요 임원 및 VIP 출석 상태 확인 브랜드 메시지 일관성 유지 점검 미디어 취재 시 대응 방안 준비
☐	행사 후	기업 메시지 전달 효과 평가 참석자 반응 및 피드백 수집 향후 기업 행사를 위한 개선점 도출

| 교육 및 학술 행사 체크리스트 |

체크	항목	세부 내용
☐	사전준비	주제 관련 기본 개념 및 용어 학습 발표자의 연구 분야 및 주요 내용 파악 전문 용어의 쉬운 설명 방법 준비 세션 간 연결성 및 전체 맥락 이해
☐	행사당일	발표자료 및 기술 장비 작동 상태 확인 발표 시간 관리 계획 점검 질문 수집 및 분배 방법 확인 학술적 토론을 위한 중립적 환경 조성 다양한 수준의 청중을 위한 접근성 확보
☐	행사 후	주요 연구 내용 및 논의 사항 요약 학술적 네트워킹 지원 후속 연구나 협력을 위한 정보 교환 촉진

| 문화 및 예술 행사 체크리스트 |

체크	항목	세부 내용
☐	사전준비	예술 작품, 공연, 전시의 배경 및 의미 연구 작가, 예술가, 큐레이터와의 사전 소통 작품에 어울리는 언어와 분위기 연구 예술적 맥락과 대중적 접근성 균형 계획 관객 참여 및 감상 방식 고려
☐	행사당일	작품 상태 및 전시·공연 환경 확인 예술가 출석 및 소개 준비 상태 점검 음향, 조명 등 예술 경험 요소 점검 관객 안내 및 프로그램 자료 확인 작품 감상을 위한 적절한 분위기 조성
☐	행사 후	예술가 및 관객 피드백 수집 문화 예술 경험의 질적 평가 향후 예술 행사를 위한 개선점 도출

출간후기

당신도 행사를 이끄는 MC가 될 수 있다

권선복 | 도서출판 행복에너지 대표이사

　누구에게나 조직 내 회의에서 발표를 해야 하거나, 팀 워크숍에서 사회를 봐야 하거나, 갑자기 중요한 행사의 진행을 맡아야 하는 등의 상황이 생기곤 합니다. 이 과정에서 가슴이 두근거리고 입이 마르는 경험을 하면서 '나는 원래 말을 잘 못한다'고 판단하여 발전을 포기하는 분들도 적지 않을 것입니다. 하지만 지상파 방송사 아나운서 출신의 프로 MC로서 25여 년간 1만 회가 넘는 생방송 진행 경험을 보유한 김정아 저자는 이 책 『MC 플로우』를 통해 말하기 능력은 타고나는 게 아니라 배우고 익히는 능력이며 최고의 MC들도 끊임없는 실패와 배움을 통해 성장하여 지금에 이르게 됐다고 강조합니다.

　이 책은 기본적으로 전문 MC가 되고자 하는 분들이라면 꼭 알아야 할 내용을 현실감 넘치는 실제 현장경험에 기반하여 친절하고 자세하게 설명해 주고 있는 책이면서 동시에 전문 MC가 아니더라도 조금 더 말을 잘해서 인생을 변화시키고 싶은 이들에게도 꼭 필요한 내용으로 구성되어 있습니다.

　특히 책의 제1, 2장은 프로 아나운서로서 활동하기 위해 사투리를 표준어로 교정하고, 정확한 발음과 말의 리듬을 익히고, 풍부한 어휘력과 지식을 통해 경청과 공감능력을 연습하여 '말을 잘하는 사람'이 되기 위한 과정을 단계별로 상세히 기술하고 있습니다. 이를 통해 말을 더 잘하기를 원하는 모든 이들에게 큰 도움이 되어줄 수 있을 것입니다.

　여기에 더해 책의 3장부터 7장까지는 프로 MC를 비롯하여 행사 및 무대 진행을 해야 하는 분들을 위해 MC에게 꼭 필요한 기본적인 능력 개발의 방법에서부터 행사 유형별 MC 진행 노하우, 현장에서의 위기관리와 돌발상황에 대한 대처법, 프로 MC로 성장하기 위한 브랜드 메이킹과 자기계발에 대한 이야기를 하고 있습니다.

　행사와 무대를 효과적으로 이끌어 모든 참여자들을 행복하게 만드는 MC가 되는 법을 알려주는 이 책 『MC 플로우』가 말을 더 잘하고 싶은 모든 분들에게 큰 도움이 되기를 희망합니다!

좋은 **원고**나 **출판 기획**이 있으신 분은 언제든지 **행복에너지**의 문을 두드려 주시기 바랍니다.
ksbdata@hanmail.net   www.happybook.or.kr   문의 ☎ 010-3267-6277

'행복에너지'의 해피 대한민국 프로젝트!

〈모교 책 보내기 운동〉〈군부대 책 보내기 운동〉

한 권의 책은 한 사람의 인생을 바꾸는 힘을 가지고 있습니다. 한 사람의 인생이 바뀌면 한 나라의 국운이 바뀝니다. 그럼에도 불구하고 많은 학교의 도서관이 가난하며 나라를 지키는 군인들은 사회와 단절되어 자기계발을 하기 어렵습니다. 저희 행복에너지에서는 베스트셀러와 각종 기관에서 우수도서로 선정된 도서를 중심으로 〈모교 책 보내기 운동〉과 〈군부대 책 보내기 운동〉을 펼치고 있습니다. 책을 제공해 주시면 수요기관에서 감사장과 함께 기부금 영수증을 받을 수 있어 좋은 일에 따르는 적절한 세액 공제의 혜택도 뒤따르게 됩니다. 대한민국의 미래, 젊은이들에게 좋은 책을 보내주십시오. 독자 여러분의 자랑스러운 모교와 군부대에 보내진 한 권의 책은 더 크게 성장할 대한민국의 발판이 될 것입니다.

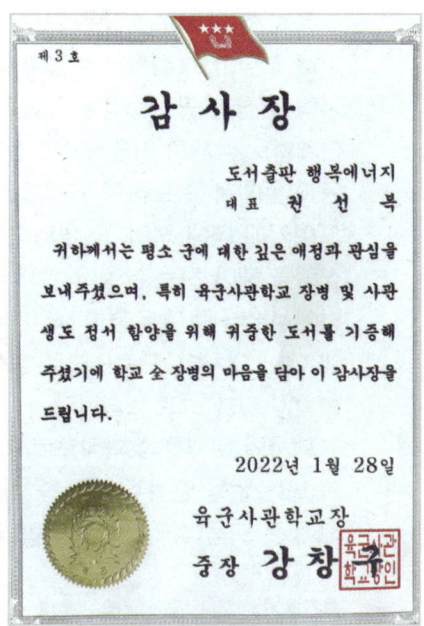